Autumn & Natural

パーソナルカラー

秋

×

骨格診断

ナチュラル
似合わせBOOK

ビューティーカラーアナリスト®

海保麻里子
Mariko Kaiho

sanctuarybooks

Prologue

いつでも、どこでも、いくつになっても、心地いい自分でいたい。

日々身につける服も、メイクやヘアスタイルも、自分の心と体によくなじむものだけを選んで、毎日を気分よく過ごしたい。

でも、私に似合うものってなんだろう？

世の中にあふれる服やコスメのなかから、どうやって選べばいいんだろう？

そんな思いを抱えている方に向けて、この本をつくりました。

自分に似合うものを知る近道。それは、自分自身をもっとよく知ること。

もともともっている特徴や魅力を知り、それらを最大限にいかす方法を知ることが、とても大切になります。

そこで役立つのが、「パーソナルカラー」と「骨格診断」。

パーソナルカラーは、生まれもった肌・髪・瞳の色などから、似合う「色」を導き出すセオリー。骨格診断は、生まれもった骨格や体型、ボディの質感から、似合う「形」と「素材」を導き出すセオリー。

この2つのセオリーを知っていれば、自分に似合う服やコスメを迷いなく選べるようになります。

買ってみたもののしっくりこない……ということがなくなるので、ムダ買いが激減し、クローゼットのアイテムはつねにフル稼働。毎朝の服選びがグッとラクになり、それでいて自分にフィットするすてきな着こなしができるようになります。

　自分の魅力をいかしてくれるスタイルで過ごす毎日は、きっと心地よく楽しいもの。つづけるうちに、やがて「自信」や「自分らしさ」にもつながっていくと思います。

　この本の最大のポイントは、12冊シリーズであること。
　パーソナルカラーは「春」「夏」「秋」「冬」の4タイプ、骨格は「ストレート」「ウェーブ」「ナチュラル」の3タイプに分類され、かけ合わせると合計12タイプ。
　パーソナルカラーと骨格診断の専門知識にもとづき、12タイプそれぞれに似合うファッション・メイク・ヘア・ネイルを1冊ずつにわけてご紹介しています。

　1冊まるごと、私のためのファッション本。
　そんなうれしい本をめざしました。これからの毎日を心地いい自分で過ごすために、この本を手もとに置いていただけたら幸いです。

この本の使い方

この本は

パーソナルカラー **秋**

×

骨格診断 **ナチュラル**

タイプの方のための本です

【**パーソナルカラー**】
「**春**」「**夏**」「**秋**」「**冬**」の**4**タイプ

×

【**骨格**】
「**ストレート**」「**ウェーブ**」「**ナチュラル**」の**3**タイプ

かけ合わせると、合計**12**タイプ

〈**全12冊シリーズ**〉

『パーソナルカラー春
×骨格診断ストレート
似合わせBOOK』　『パーソナルカラー春
×骨格診断ウェーブ
似合わせBOOK』　『パーソナルカラー春
×骨格診断ナチュラル
似合わせBOOK』　『パーソナルカラー夏
×骨格診断ストレート
似合わせBOOK』　『パーソナルカラー夏
×骨格診断ウェーブ
似合わせBOOK』　『パーソナルカラー夏
×骨格診断ナチュラル
似合わせBOOK』

＼この本はこれ！／

『パーソナルカラー秋
×骨格診断ストレート
似合わせBOOK』　『パーソナルカラー秋
×骨格診断ウェーブ
似合わせBOOK』　『パーソナルカラー秋
×骨格診断ナチュラル
似合わせBOOK』　『パーソナルカラー冬
×骨格診断ストレート
似合わせBOOK』　『パーソナルカラー冬
×骨格診断ウェーブ
似合わせBOOK』　『パーソナルカラー冬
×骨格診断ナチュラル
似合わせBOOK』

パーソナルカラーは……
似合う「**色**」がわかる

生まれもった肌・髪・瞳
の色などから、似合う
「色」を導き出します

骨格は……
似合う「**形**」「**素材**」
がわかる

生まれもった骨格や体
型、ボディの質感から、
似合う「形」と「素材」
を導き出します

12冊シリーズ中、自分自身のタイプの本を読むことで、
本当に似合う「色」「形」「素材」の
アイテム、コーディネート、ヘアメイクが
わかります

1 自分自身が「パーソナルカラー秋×
骨格診断ナチュラル」タイプで、
似合うものが知りたい方 　　→ **P27へ**

2 自分自身の「パーソナルカラー」と
「骨格診断」のタイプが
わからない方

▩ パーソナルカラーセルフチェック → P12へ

▩ 骨格診断セルフチェック → P22へ

→ **12冊シリーズ中、該当するタイプの本を手にとってください**

Contents

Chapter1
秋×ナチュラルタイプの
魅力を引き出す
ベストアイテム

秋×ナチュラルタイプのベストアイテム12

Chapter2

なりたい自分になる、
秋×ナチュラルタイプの
配色術

11色で魅せる、秋×ナチュラルタイプの
配色コーディネート

Chapter3
秋×ナチュラルタイプの
魅力に磨きをかける
ヘアメイク

色の力で、生まれもった魅力を120%引き出す

「パーソナルカラー」

パーソナルカラーって何？

　身につけるだけで自分の魅力を最大限に引き出してくれる、自分に似合う色。

　そんな魔法のような色のことを、パーソナルカラーといいます。

　SNSでひと目惚れしたすてきな色のトップス。トレンドカラーのリップ。いざ買って合わせてみたら、なんだか顔がくすんで見えたり青白く見えたり……。

　それはおそらく、自分のパーソナルカラーとは異なる色を選んでしまったせい。

　パーソナルカラーは、生まれもった「肌の色」「髪の色」「瞳の色」、そして「顔立ち」によって決まります。自分に調和する色を、トップスやメイクやヘアカラーなど顔まわりの部分にとり入れるだけで、肌の透明感が驚くほどアップし、フェイスラインがすっきり見え、グッとおしゃれな雰囲気になります。

　これ、大げさではありません。サロンでのパーソナルカラー診断では、鏡の前でお客さまのお顔の下にさまざまな色の布をあてていくのですが、「色によって見え方がこんなに違うんですね！」と多くの方が驚かれるほど効果絶大なんです。

イエローベースとブルーベース

　最近「イエベ」「ブルベ」という言葉をよく耳にしませんか？

　これは、世の中に無数に存在する色を「イエローベース（黄み）」と「ブルーベース（青み）」に分類したパーソナルカラーの用語。

　たとえば同じ赤でも、黄みがあってあたたかく感じるイエローベースの赤と、青みがあって冷たく感じるブルーベースの赤があるのがわかるでしょうか。

　パーソナルカラーでは、色をイエローベースとブルーベースに大きくわけ、似合う色の傾向を探っていきます。

4つのカラータイプ「春」「夏」「秋」「冬」

　色は、イエローベースかブルーベースかに加えて、明るさ・鮮やかさ・クリアさの度合いがそれぞれ異なります。パーソナルカラーでは、そうした属性が似ている色をカテゴライズし、「春」「夏」「秋」「冬」という四季の名前がついた4つのグループに分類しています。各タイプに属する代表的な色をご紹介します。

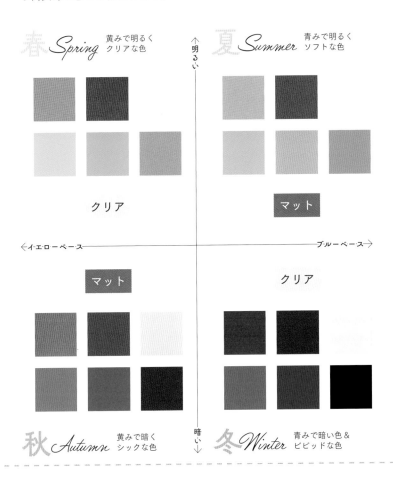

春 *Spring* 黄みで明るく クリアな色

夏 *Summer* 青みで明るく ソフトな色

↑ 明るい

クリア

マット

←イエローベース─────────────ブルーベース→

マット

クリア

秋 *Autumn* 黄みで暗く シックな色

冬 *Winter* 青みで暗い色＆ ビビッドな色

↓ 暗い

パーソナルカラーセルフチェック

あなたがどのパーソナルカラーのタイプにあてはまるか、セルフチェックをしてみましょう。迷った場合は、いちばん近いと思われるものを選んでください。

① できるだけ太陽光が入る部屋、または明るく白い照明光の部屋で診断してください。

② ノーメイクでおこなってください。

③ 着ている服の色が影響しないように白い服を着ましょう。

診断はこちらの
ウェブサイトでも
できます（無料）

Q1 あなたの髪の色は？
（基本は地毛。カラーリングしている方はカラーリング後の色でもOK）

A
黄みの
ライトブラウン

B
赤みのローズブラウン、
または
ソフトなブラック

C
黄みのダークブラウン、
または緑みの
マットブラウン

D
ツヤのあるブラック

Q2 あなたの髪の質感は？

A
ふんわりと
やわらかい
（ねこっ毛だ）。

B
髪は細めで
サラサラだ。

C
太さは普通で
コシとハリがある。

D
1本1本が太くて
しっかりしている。

Q3 あなたの瞳は？

A
キラキラとした黄みの
ライトブラウン〜
ダークブラウン。

B
赤みのダークブラウン
〜ソフトなブラック。
ソフトでやさしい印象。

C
黄みのダークブラウン
で落ち着いた印象。
緑みを感じる方も。

D
シャープなブラック。
白目と黒目の
コントラストが強く
目力がある。
切れ長の方も。

Q4 あなたの肌の色は？

A	B	C	D
明るいアイボリー。ツヤがあって皮膚は薄い感じ。	色白でピンク系。なめらかな質感で頬に赤みが出やすい。	暗めのオークル系。頬に色味がなくマットな質感。くすみやすい方も。	ピンク系で色白。または濃い目の肌色で皮膚は厚め。

Q5 日焼けをすると？

A	B	C	D
赤くなってすぐさめる。比較的焼けにくい。	赤くなりやすいが日焼けはほとんどしない。	日焼けしやすい。黒くなりやすくシミができやすい。	やや赤くなり、そのあときれいな小麦色になる。

Q6 家族や親しい友人からほめられるリップカラーは？

A	B	C	D
クリアなピーチピンクやコーラルピンク	明るいローズピンクやスモーキーなモーブピンク	スモーキーなサーモンピンクやレッドブラウン系	華やかなフューシャピンクやワインレッド

Q7 人からよく言われるあなたのイメージは？

A	B	C	D
キュート、フレッシュ、カジュアル、アクティブ	上品、やさしい、さわやか、やわらかい	シック、こなれた、ゴージャス、落ち着いた	モダン、シャープ、スタイリッシュ、クール

Q8 ワードローブに多い、得意なベーシックカラーは？

A	B	C	D
ベージュやキャメルを着ると、顔色が明るく血色よく見える。	ブルーグレーやネイビーを着ると、肌に透明感が出て上品に見える。	ダークブラウンやオリーブグリーンを着ても、地味にならずにこなれて見える。	ブラックを着ても暗くならず、小顔&シャープに見える。

Q9 よく身につけるアクセサリーは？

A	B	C	D
ツヤのあるピンクゴールドや明るめのイエローゴールド	上品な光沢のシルバー、プラチナ	マットな輝きのイエローゴールド	ツヤのあるシルバー、プラチナ

Q10 着ていると、家族や親しい友人からほめられる色は？

A	B	C	D
明るい黄緑やオレンジ、黄色などのビタミンカラー	ラベンダーや水色、ローズピンクなどのパステルカラー	マスタードやテラコッタ、レンガ色などのアースカラー	ロイヤルブルーやマゼンタ、真っ赤などのビビッドカラー

───── 診 断 結 果 ─────

✓ **A** が多かった方は **春** Spring タイプ

✓ **B** が多かった方は **夏** Summer タイプ

✓ **C** が多かった方は **秋** Autumn タイプ

✓ **D** が多かった方は **冬** Winter タイプ

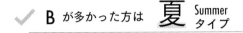

いちばんパーセンテージの高いシーズンがあなたのパーソナルカラーです。パーソナルカラー診断では似合う色を決める4つの要素である「ベース（色み）」「明るさ（明度）」「鮮やかさ（彩度）」「クリアか濁っているか（清濁）」の観点から色を分類し、「春夏秋冬」という四季の名称がついたカラーパレットを構成しています。

パーソナルカラーは、はっきりわかりやすい方もいれば、複数のシーズンに似合う色がまたがる方もいます。パーソナルカラーでは、いちばん似合う色が多いグループを「1stシーズン」、2番目に似合う色が多いグループを「2ndシーズン」と呼んでいます。

・春と秋が多い方　黄みのイエローベースが似合う（ウォームカラータイプ）
・夏と冬が多い方　青みのブルーベースが似合う（クールカラータイプ）
・春と夏が多い方　明るい色が似合う（ライトカラータイプ）
・秋と冬が多い方　深みのある色が似合う（ダークカラータイプ）
・春と冬が多い方　クリアで鮮やかな色が似合う（ビビッドカラータイプ）
・夏と秋が多い方　スモーキーな色が似合う（ソフトカラータイプ）

The「春」「夏」「秋」「冬」タイプの方と、2ndシーズンをもつ6タイプの方がいて、パーソナルカラーは大きく10タイプに分類することができます（10Type Color Analysis by 4element®）。

※迷う場合は、巻末の「診断用カラーシート」を顔の下にあててチェックしてみてください（ノーメイク、自然光または白色灯のもとでおこなってください）。

春 *Spring* タイプ

カジュアル　キュート

アクティブ　フレッシュ

どんなタイプ？
かわいらしく元気な印象をもつ春タイプ。春に咲き誇るお花畑のような、イエローベースの明るい色が似合います。

肌の色
明るいアイボリー系。なかにはピンク系の方も。皮膚が薄く、透明感があります。

髪・瞳の色
黄みのライトブラウン系。色素が薄く、瞳はガラス玉のように輝いている方が多いです。

似合うカラーパレット

春タイプの色が似合う場合：肌の血色がアップし、ツヤとハリが出る

春タイプの色が似合わない場合：肌が黄色くなり、顔が大きく見える

ベースカラー
（コーディネートの基本となる色）：
アイボリー、ライトウォームベージュ、ライトキャメルなど、黄みのライトブラウン系がおすすめ。

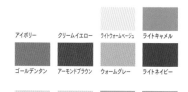

アイボリー　クリームイエロー　ライトウォームベージュ　ライトキャメル

ゴールデンタン　アーモンドブラウン　ウォームグレー　ライトネイビー

アソートカラー
（ベースカラーに組み合わせる色）：
ピーチピンク、ライトターコイズなどを選ぶと、肌がより明るく血色よく見えます。

ピーチピンク　アプリコット　ライトサーモン　コーラルピンク

ライトクリアゴールド　パステルイエローグリーン　ライトトゥルーグリーン　ライトターコイズ

アクセントカラー
（配色に変化を与える色）：
ライトオレンジやブライトイエローなどのビタミンカラー、クリアオレンジレッドなどのキャンディカラーがぴったり。

ブライトイエロー　ライトオレンジ　クリアオレンジレッド　ブライトレッド

アップルグリーン　ブルーバード　ライトトゥルーブルー　クロッカス

夏 Summer タイプ

さわやか
やさしい
やわらかい
上品

どんなタイプ？
エレガントでやわらかい印象をもつ夏タイプ。雨のなかで咲く紫陽花のような、ブルーベースのやさしい色が似合います。

肌の色
明るいピンク系。色白で頬に赤みのある方が多いです。

髪・瞳の色
赤みのダークブラウン系か、ソフトなブラック系。穏やかでやさしい印象。

似合うカラーパレット

夏タイプの色が似合う場合：肌の透明感がアップし、洗練されて見える
夏タイプの色が似合わない場合：肌が青白く見え、寂しい印象になる

ベースカラー
（コーディネートの基本となる色）：
ライトブルーグレー、ソフトネイビー、ローズベージュなどで上品に。

アソートカラー
（ベースカラーに組み合わせる色）：
青みのある明るいパステルカラーや、少し濁りのあるスモーキーカラーが得意。

アクセントカラー
（配色に変化を与える色）：
ローズレッド、ディープブルーグリーンなど、ビビッドすぎない色が肌になじみます。

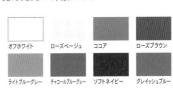

オフホワイト　ローズベージュ　ココア　ローズブラウン
ライトブルーグレー　チャコールブルーグレー　ソフトネイビー　グレイッシュブルー

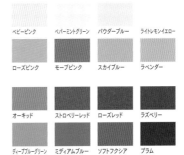

ベビーピンク　ペパーミントグリーン　パウダーブルー　ライトレモンイエロー
ローズピンク　モーブピンク　スカイブルー　ラベンダー

オーキッド　ストロベリーレッド　ローズレッド　ラズベリー
ディープブルーグリーン　ミディアムブルー　ソフトフクシア　プラム

秋 Autumn タイプ

ゴージャス
シック
落ち着いた
こなれた

どんなタイプ？

大人っぽく洗練された印象をもつ秋タイプ。秋に色づく紅葉のような、イエローベースのリッチな色が似合います。

肌の色

やや暗めのオークル系。マットな質感で、頬に色味がない方も。

髪・瞳の色

黄みのダークブラウン系。グリーンっぽい瞳の方も。穏やかでやさしい印象。

似合うカラーパレット

秋タイプの色が似合う場合：肌の血色がアップし、なめらかに見える

秋タイプの色が似合わない場合：肌が暗く黄ぐすみして、たるんで見える

ベースカラー
（コーディネートの基本となる色）：
ダークブラウン、キャメル、オリーブグリーンなどのアースカラーも地味にならず洗練度アップ。

バニラホワイト　ベージュ　コーヒーブラウン　ダークブラウン
マホガニー　キャメル　ブロンズ　オリーブグリーン

アソートカラー
（ベースカラーに組み合わせる色）：
サーモンピンク、マスカットグリーンなど、少し濁りのあるスモーキーカラーで肌をなめらかに。

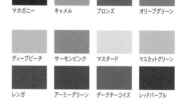

ディープピーチ　サーモンピンク　マスタード　マスカットグリーン
レンガ　アーミーグリーン　ダークターコイズ　レッドパープル

アクセントカラー
（配色に変化を与える色）：
テラコッタ、ゴールド、ターコイズなど、深みのあるリッチなカラーがおすすめ。

オレンジレッド　トマトレッド　テラコッタ　オレンジ
ゴールデンイエロー　ゴールド　ターコイズ　ディープイエローグリーン

冬 Winter タイプ

スタイ
リッシュ
モダン
クール
シャープ

どんなタイプ？
シャープで凛とした印象をもつ冬タイプ。
澄んだ冬空に映えるような、ブルーベース
のビビッドな色が似合います。

肌の色
明るめか暗めのピンク系。黄
みの強いオークル系の方も。
肌色のバリエーションが多い
タイプ。

髪・瞳の色
真っ黒か、赤みのダークブラ
ウン系。黒目と白目のコントラ
ストが強く、目力があります。

似合うカラーパレット

冬タイプの色が似合う場合：フェイスラインがすっきりし、華やかで凛とした印象になる
冬タイプの色が似合わない場合：肌から色がギラギラ浮いて見える

ベースカラー
（コーディネートの基本となる色）：
白・黒・グレーのモノトーンが似合う唯一
のタイプ。濃紺も似合います。

ピュアホワイト　ライトグレー　ミディアムグレー　チャコールグレー

ブラック　グレーベージュ　ネイビーブルー

アソートカラー
（ベースカラーに組み合わせる色）：
深みのあるダークカラーで大人っぽく。
薄いシャーベットカラーも得意。

ブルーレッド　マラカイトグリーン　パイングリーン　ロイヤルパープル

ペールグリーン　ペールブルー　ペールピンク　ペールバイオレット

アクセントカラー
（配色に変化を与える色）：
目鼻立ちがはっきりしているので、
ショッキングピンクやロイヤルブルーな
どの強い色にも負けません。

トゥルーレッド　チェリーピンク　ショッキングピンク　マゼンタ

レモンイエロー　トゥルーグリーン　トゥルーブルー　ロイヤルブルー

※ベース、アソート、アクセントカラーは配色によって変わることがあります

「骨格診断」

骨格診断って何？

　肌や瞳の色と同じように、生まれもった体型も人それぞれ。骨格診断は、体型別に似合うファッションを提案するメソッドです。

　体型といっても、太っているかやせているか、背が高いか低いか、ということではありません。

　骨や関節の発達のしかた、筋肉や脂肪のつきやすさ、肌の質感など、生まれもった体の特徴から「似合う」を導き出します。

　パーソナルカラーでは自分に似合う「色」がわかる、といいました。一方、骨格診断でわかるのは、自分に似合う「形」と「素材」。

　服・バッグ・靴・アクセサリーなど世の中にはさまざまなファッションアイテムがあふれていますが、自分の骨格タイプとそのルールを知っておけば、自分に似合う「形」と「素材」のアイテムを迷わず選びとることができるんです。

　体型に変化があっても、骨の太さが大きく変わることはありません。体重の増減が10kg前後あった場合、似合うものの範囲が少し変わってくることはありますが、基本的に骨格タイプは一生変わらないもの。つまり、自分の骨格タイプのルールを一度覚えてしまえば、一生役立ちます。

　年齢を重ねるとボディラインが変化していきますが、じつは変化のしかたには骨格タイプごとの特徴があります。そのため、年齢を重ねることでより骨格タイプに合ったファッションが似合うようになる傾向も。

　パーソナルカラーと骨格診断。どちらも、「最高に似合う」を「最速で叶える」ためのファッションルール。服選びに迷ったときや、鏡のなかの自分になんだかしっくりこないとき、きっとあなたを助けてくれるはずです。

3つの骨格タイプ「ストレート」「ウェーブ」「ナチュラル」

　骨格診断では、体の特徴を「ストレート」「ウェーブ」「ナチュラル」という3つの骨格タイプに分類し、それぞれに似合うファッションアイテムやコーディネートを提案しています。

　まずは、3タイプの傾向を大まかにご紹介しますね。

ストレート *Straight*

筋肉がつきやすく、立体的でメリハリのある体型の方が多いタイプ。シンプルでベーシックなスタイルが似合います。

ウェーブ *Wave*

筋肉より脂肪がつきやすく、平面的な体型で骨が華奢な方が多いタイプ。ソフトでエレガントなスタイルが似合います。

ナチュラル *Natural*

手足が長く、やや平面的な体型で骨や関節が目立つ方が多いタイプ。ラフでカジュアルなスタイルが似合います。

骨格診断セルフチェック

診断はこちらの
ウェブサイトでも
できます（無料）

あなたがどの骨格診断のタイプにあてはまるか、セルフ
チェックをしてみましょう。迷った場合は、いちばん近い
と思われるものを選んでください。
①鎖骨やボディラインがわかりやすい服装でおこないましょう。
　（キャミソールやレギンスなど）
②姿見の前でチェックしてみましょう。
③家族や親しい友人と一緒に、体の特徴を比べながらおこなうとわかりやすいです。

Q1 筋肉や脂肪のつき方は？

A 筋肉がつきやすく、二の腕や太ももの前の筋肉が張りやすい。

B 筋肉がつきにくく、腰まわり、お腹など下半身に脂肪がつきやすい。

C 関節が大きく骨が太め。肉感はあまりなく、骨張っている印象だ。

Q2 首から肩にかけてのラインは？

A 首はやや短め。肩まわりに厚みがある。

B 首は長めで細い。肩まわりが華奢で薄い。

C 首は長くやや太め。筋が目立ち肩関節が大きい。

Q3 胸もとの厚みは？

A 厚みがあり立体的（鳩胸っぽい）、バストトップは高め。

B 厚みがなく平面的、バストトップはやや低め。

C 胸の厚みよりも、肩関節や鎖骨が目立つ。

Q4 鎖骨や肩甲骨の見え方は？

A あまり目立たない。

B うっすらと出ているが、骨は小さい。

C はっきりと出ていて、骨が大きい。

Q5 体に対する手の大きさや関節は？

A 手は小さく、手のひらは厚い。骨や筋は目立たない。

B 大きさはふつうで、手のひらは薄い。骨や筋は目立たない。

C 手は大きく、厚さより甲の筋や、指の関節、手首の骨が目立つ。

Q6 手や二の腕、太ももの質感は？

A 弾力とハリのある質感。

B ふわふわとやわらかい質感。

C 皮膚がややかために、肉感をあまり感じない。

Q7 腰からお尻のシルエットは？

A 腰の位置が高めで、腰まわりが丸い。

B 腰の位置が低めで、腰が横（台形）に広がっている。

C 腰の位置が高めで、お尻は肉感がなく平らで長い。

Q8 ワンピースならどのタイプが似合う？

A Iラインシルエットでシンプルなデザイン

B フィット＆フレアのふんわり装飾性のあるデザイン

C マキシ丈でゆったりボリュームのあるデザイン

Q9 着るとほめられるアイテムは？

A パリッとしたコットンシャツ、ハイゲージ（糸が細い）のVネックニット、タイトスカート

B とろみ素材のブラウス、ビジューつきニット、膝下丈のフレアスカート

C 麻の大きめシャツ、ざっくり素材のゆったりニット、マキシ丈スカート

Q10 どうもしっくりこないアイテムは？

A ハイウエストワンピ、シワ加工のシャツ、ざっくり素材のゆったりニット

B シンプルなVネックニット、ローウエストワンピ、オーバーサイズのカジュアルシャツ

C シンプルなTシャツ、フィット＆フレアの膝丈ワンピ、ショート丈ジャケット

--- 診 断 結 果 ---

✔ **A** が多かった方は **ストレート**タイプ

✔ **B** が多かった方は **ウェーブ**タイプ

✔ **C** が多かった方は **ナチュラル**タイプ

いちばん多い回答が、あなたの骨格タイプです（2タイプに同じくらいあてはまった方は、ミックスタイプの可能性があります）。BとCで悩んだ場合は、とろみ素材でフィット感のある、フリルつきのブラウス＆膝丈フレアスカートが似合えばウェーブタイプ、ローゲージ（糸が太い）のざっくりオーバーサイズのニット＆ダメージデニムのワイドシルエットが似合う方は、ナチュラルタイプの可能性が高いです。

ストレート Straight タイプ

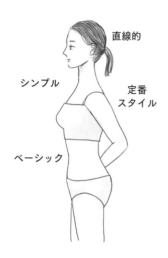

直線的

シンプル

定番スタイル

ベーシック

どんなタイプ？

グラマラスでメリハリのある体が魅力のストレートタイプ。シンプルなデザイン、適度なフィット感、ベーシックな着こなしで「引き算」を意識すると、全体がすっきり見えてスタイルアップします。

体の特徴

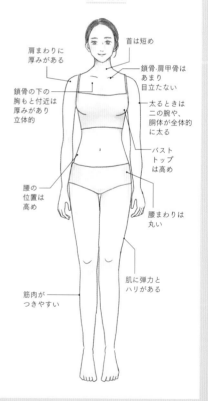

肩まわりに厚みがある

鎖骨の下の胸もと付近は厚みがあり立体的

腰の位置は高め

筋肉がつきやすい

首は短め

鎖骨・肩甲骨はあまり目立たない

太るときは二の腕や、胴体が全体的に太る

バストトップは高め

腰まわりは丸い

肌に弾力とハリがある

似合うファッションアイテム

パリッとしたシャツ、Vネックニット、タイトスカート、センタープレスパンツなど、シンプル＆ベーシックで直線的なデザイン。

似合う着こなしのポイント

Vネックで胸もとをあける、腰まわりをすっきりさせる、サイズやウエスト位置はジャストにする、Iラインシルエットにする、など。

似合う素材

コットン、ウール、カシミヤ、シルク、表革など、ハリのある高品質な素材。

似合う柄

チェック、ストライプ、ボーダー、大きめの花柄など、直線的な柄やメリハリのある柄。

ウェーブ Wave タイプ

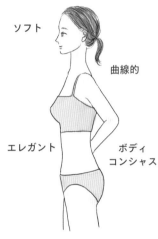

ソフト

曲線的

エレガント

ボディ
コンシャス

どんなタイプ？

華奢な体とふわふわやわらかい肌質が魅力
のウェーブタイプ。曲線的なデザインや装
飾のあるデザインで「足し算」を意識すると、
体にほどよくボリュームが出て、エレガン
トさが際立ちます。

体の特徴

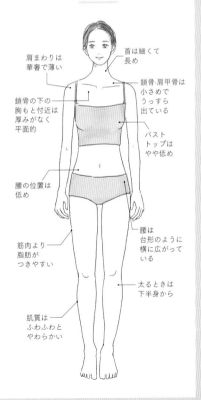

肩まわりは
華奢で薄い

首は細くて
長め

鎖骨・肩甲骨は
小さめで
うっすら
出ている

鎖骨の下の
胸もと付近は
厚みがなく
平面的

バスト
トップは
やや低め

腰の位置は
低め

筋肉より
脂肪が
つきやすい

腰は
台形のように
横に広がって
いる

太るときは
下半身から

肌質は
ふわふわと
やわらかい

似合うファッションアイテム

フリルや丸首のブラウス、プリーツや
タックなど装飾のあるフレアスカート、
ハイウエストのワンピースなど、ソフト
＆エレガントで曲線的なデザイン。

似合う着こなしのポイント

フリルやタックで装飾性をプラスする、
ハイウエストでウエストマークをして重
心を上げる、フィット（トップス）＆フ
レア（ボトムス）のXラインシルエッ
トにする、など。

似合う素材

ポリエステル、シフォン、モヘア、エナ
メル、スエードなど、やわらかい素材や
透ける素材、光る素材。

似合う柄

小さいドット、ギンガムチェック、ヒョ
ウ柄、小花柄など、小さく細かい柄。

ナチュラル タイプ

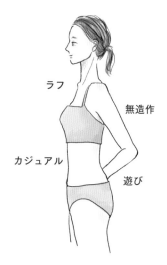

ラフ

無造作

カジュアル

遊び

どんなタイプ？

しっかりした骨格と長い手足が魅力のナチュラルタイプ。ゆったりシルエットや風合いのある天然素材で「足し算」を意識すると、骨格の強さとのバランスがとれて、こなれた雰囲気に仕上がります。

体の特徴

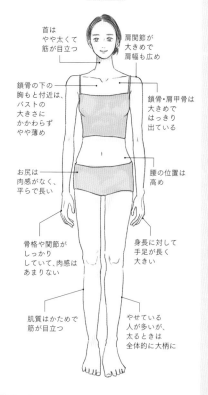

首は
やや太くて
筋が目立つ

肩関節が
大きめで
肩幅も広め

鎖骨の下の
胸もと付近は、
バストの
大きさに
かかわらず
やや薄め

鎖骨・肩甲骨は
大きめで
はっきり
出ている

お尻は
肉感がなく、
平らで長い

腰の位置は
高め

骨格や関節が
しっかり
していて、肉感は
あまりない

身長に対して
手足が長く
大きい

肌質はかためで
筋が目立つ

やせている
人が多いが、
太るときは
全体的に大柄に

似合うファッションアイテム

麻のシャツ、ざっくりニット、ワイドパンツ、マキシ丈スカートなど、ラフ＆カジュアルでゆったりとしたデザイン。

似合う着こなしのポイント

ボリュームをプラスしてゆったりシルエットをつくる、長さをプラス＆ローウエストにして重心を下げる、肌をあまり出さない、など。

似合う素材

麻、コットン、デニム、コーデュロイ、ムートンなど、風合いのある天然素材や厚手の素材。

似合う柄

大きめのチェック、ストライプ、ペイズリー、ボタニカルなど、カジュアルな柄やエスニックな柄。

Chapter 1

秋 × ナチュラルタイプの
魅力を引き出す
ベストアイテム

1

ベージュのシャツ

骨格がしっかりしたナチュラルタイプは、肩の落ちたビッグシルエットのシャツを着ると大人のリラックス感が生まれます。表面に風合いのある厚めの生地で、胸ポケットなど装飾のついたデザインがベスト。色は秋タイプをヘルシーに見せてくれて、着まわし力も抜群なベージュ。袖をラフにまくってすらりとした腕を覗かせれば、一気にこなれた着こなしに。

Shirt / 編集部私物

自然体でいたい日に
やさしく寄り添ってくれる服

ダークブラウンの
ロングワンピース

こっくりとしたブラウンは、秋タイプにおすすめ
のベーシックカラー（定番色）。ワンピースでと
り入れると、ヴィンテージ感の漂うシックな雰囲
気に。上半身に重心があるナチュラルタイプは、
重心を下げるファッションが好バランス。裾に
ギャザーが施されたロングワンピースに、大きめ
のバッグ、ローヒールのレースアップシューズで、
さりげなくバランスを整えて。

One piece /
marvelous by Pierrot

深い秋色に包まれて
シックに輝く存在感

3

オリーブグリーンのワイドパンツ

地味になりがちなオリーブグリーン（ファッション界ではカーキと呼ばれることも）もおしゃれに着こなせる秋タイプ。ワイドパンツにTシャツというラフなスタイルがスタイリッシュに決まるのは、秋×ナチュラルタイプだからこそ。骨格の強いマット肌には、チノ素材のようなかための生地がマッチ。タックのあるゆったりとしたシルエットと、足もとに重さが出るフルレングスを選びます。

Pants / SHOO・LA・RUE

ラフなほど洗練される
パンツスタイル

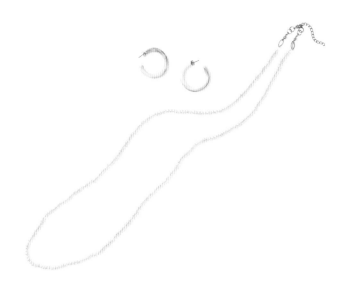

マーブル柄のフープピアス
バロックパールのネックレス

秋×ナチュラルタイプを輝かせるのは、ほんのり
黄みがかった色でマットな質感のアクセサリー。
象牙のような風合いのあるマーブル柄のフープピ
アスは、大きめサイズを選ぶと骨格とのバランス
がとれます。ネックレスはみぞおち〜おへそ程度
の長さがベストマッチ。身につけるだけで重心の
調節が可能に。粒のそろっていないバロックパー
ルがラフな雰囲気にぴったり。

Earrings,
Necklace /
編集部私物

肌によくなじむ
こなれたマットアクセサリー

深 み カ ラ ー の あ か 抜 け メ イ ク

秋タイプがコスメを選ぶときは、見た目で「ちょっと地味かな？」と感じるくらいの色がベスト。実際に肌につけたときによくなじむのは、少し暗さと濁りのあるイエローベースの色です。秋×ナチュラルタイプは、テラコッタやレンガ色、レッドブラウンなどの深みカラーが得意。秋タイプ・ナチュラルタイプともにマットな質感が似合うので、ソフトマットに仕上げるとグッとあか抜けます。

アイシャドウ /
DIOR ディオールショウ サンク クルール 689 ミッツァ
チーク /
CLINIQUE チーク ポップ 18 ピンクハニーポップ
リップ /
SUQQU バイブラント リップ スティック 07 漆火 SHITSUBI

落ち着きのある色で引き出す

メロウな魅力

秋×ナチュラルはどんなタイプ？

ラフでシックなヴィンテージの輝き

深みのあるリッチな色をラフに着こなすことができる秋×ナチュラルタイプ。ヴィンテージ家具のように味わい深く、こなれた雰囲気をもつタイプです。ナチュラルタイプが得意なカジュアルファッションも、秋×ナチュラルタイプが着るとどこか大人っぽくアンニュイなムードが生まれます。

イメージワード

ヴィンテージ、エスニック、ヘルシー、ナチュラル

秋×ナチュラルタイプの有名人

中村アン、榮倉奈々、池田美優
（※写真での診断によるものです）

秋タイプの特徴	ナチュラルタイプの特徴

- イエローベース、低明度、低彩度、マット
- 大人っぽくてリッチな色が似合う

- 手足が長くフレーム感のある体
- ゆったりとしたラフなアイテムが似合う

似合う色、苦手な色

秋タイプに似合う色

　オークル系でマットな肌の方が多い秋タイプ。イエローベースで、深みのあるスモーキーカラーを身につけると、肌のなめらかさや血色がアップ。4タイプのうち、カラーパレット内にグリーン系のバリエーションが最も多いタイプでもあります。

　ナチュラルタイプの方には、ファッション界ではカーキとも呼ばれる、シックなオリーブグリーンなどがとくにおすすめです。

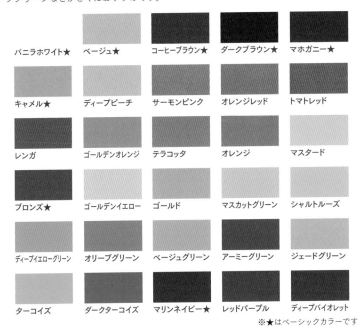

バニラホワイト★	ベージュ★	コーヒーブラウン★	ダークブラウン★	マホガニー★
キャメル★	ディープピーチ	サーモンピンク	オレンジレッド	トマトレッド
レンガ	ゴールデンオレンジ	テラコッタ	オレンジ	マスタード
ブロンズ★	ゴールデンイエロー	ゴールド	マスカットグリーン	シャルトルーズ
ディープイエローグリーン	オリーブグリーン	ベージュグリーン	アーミーグリーン	ジェードグリーン
ターコイズ	ダークターコイズ	マリンネイビー★	レッドパープル	ディープバイオレット

※★はベーシックカラーです

秋タイプが苦手な色

　ロイヤルブルーやショッキングピンク、ブルーグレーなどの青みの強い色は、顔が青白く見えてしまい苦手。肌・髪・瞳の色が濃い方が多いので、明るいパステルカラーや真っ白も色だけが浮いてしまいやすいです。

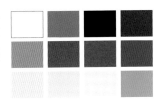

色選びに失敗しないための基礎知識

色の「トーン」のお話

　実際に服やコスメを選ぶときは、39ページの似合う色のカラーパレットと照らし合わせると選びやすいと思います。

　ここからは、「カラーパレットにない色を選びたい」「似合う色を自分で見極められるようになりたい」という方のために、ちょっと上級者向けの色のお話をしますね。

　下の図は、色を円環状に配置した「色相環」という図です。これは、赤・緑・青などの「色相」（色味の違い）を表しています。この色相環をもとに、ベースの色味が決まります。

　ただ、色の違いは色相だけでは説明できません。同じ赤でも、明るい赤や暗い赤、鮮やかな赤やく

すんだ赤があるように、色には「明度」（明るさ）や「彩度」（鮮やかさ）という指標もあります。

　明度や彩度が異なることによる色の調子の違いを「トーン」と呼んでいます。右ページ下の図は、色相とトーンをひとつの図にまとめたもの。

　「ビビッド」は純色と呼ばれる、最も鮮やかな色。そこに白を混ぜていくと、だんだん高明度・低彩度に。黒を混ぜていくと、だんだん低明度・低彩度になります。

　白か黒を混ぜるだけでは色は濁らずクリア（清色）ですが、グレー（白＋黒）を混ぜるとマット（濁色）になります。

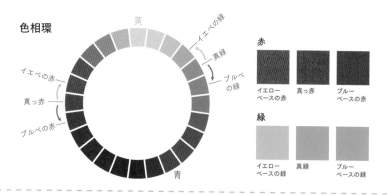

色相環

黄

イエベの緑
真緑
ブルベの緑

イエベの赤
真っ赤
ブルベの赤

青

赤

イエローベースの赤　真っ赤　ブルーベースの赤

緑

イエローベースの緑　真緑　ブルーベースの緑

秋タイプに似合う色のトーンは？

　個人差はありますが、下のトーン図でいうと、sf（ソフト）、d（ダル）、dk（ダーク）などが秋タイプに似合いやすい色。このなかでも黄みのある色を選べば OK です。

　明度・彩度ともに低めの色でも地味にならず、こなれた印象になるのが秋タイプの特徴。ソフトな雰囲気にしたいときは、バニラホワイトやディープピーチなどの淡い色も○。

トーン図

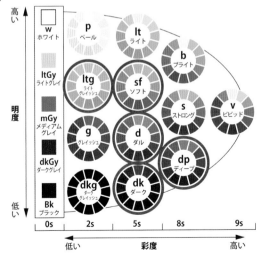

第一印象は「フォーカルポイント」で決まる

フォーカルポイントとは？

　おでこから胸もとまでの約30cmのゾーンを「フォーカルポイント」（目を引く部分）といいます。私たちは人と対面するとき、相手のフォーカルポイントを見てその人がどんな人かを無意識に判断しています。

　つまり、顔だけでなく「服のネックライン」までもが第一印象を左右するということ。

　「似合う」を手軽に、でも確実に手に入れるためには、顔まわりにパーソナルカラーをもってくることと同時に、服のネックラインにこだわることがとても大切なんです。

似合うフォーカルポイントのつくり方

　似合うネックラインと、苦手なネックライン。それは、骨格タイプによって決まります。

　ナチュラルタイプの方は首が長くしっかりしていて、鎖骨も大きめ。ネックラインが大きくあいていると、首の長さや骨の存在感が強調されすぎてしまうので、ネックラインのあいていない服がおすすめ

です。

　ナチュラルタイプに似合うネックラインは、ラウンドネックや少し襟の高いモックネック。シャツを着るときはボタンを上までとめるか、第1ボタンだけあけて抜き襟にします。

　首がすっぽり包まれる、ゆったりとしたタートルネックも◎。首が長いナチュラルタイプだからこそカッコよく決まるアイテムです。

　肉感をあまり感じないスタイリッシュな体には、重ね着で立体感を出す足し算コーデもよく似合います。ネックラインがあいているときは、あきの小さい服を下にレイヤードしておしゃれに調整するというテクニックも。

　小さいフリルやリボンは骨格の強さとマッチしにくいため、襟や胸もとに装飾のある服を着る場合は、大きめのディテールのものを選ぶとしっくりきます。

　ネックラインのほか、フォーカルポイントに近いスリーブ（袖）ラインも、肩まわりや二の腕の印象に影響を与えます。ネックラインに加えて意識するとさらに効果的！

似合う！

シャツとモックネックの重ね着で、ネックラインが上がって立体感もアップ！
秋タイプに似合う、あたたかみのあるベージュでナチュラルに。

しっくりこない……

首もとが縦に大きくあいていると、首の長さや骨っぽさが目立つ。
モノトーン、薄手の素材も苦手。

似合うネックライン

ラウンドネック

ボートネック

タートルネック

オフタートル

シャツカラー

似合うスリーブライン

半袖

ロールアップスリーブ

ケープレッドスリーブ

ドルマンスリーブ

体の質感でわかる、似合う素材と苦手な素材

厚手の天然素材が似合うナチュラルタイプ

　骨格診断でわかるのは、似合うファッションアイテムの「形」と「素材」。形だけでなく素材もまた、似合う・似合わないを決める重要なポイントです。

　ナチュラルタイプは、筋肉や脂肪より骨の強さや大きさが目立ち、肌質はマットな方が多いタイプ。骨感を包み込むような風合いのある素材や、厚手の素材が似合います。

　たとえば、麻や綿などの天然素材は大得意。とくに、しわ加工が施されたものや、オックスフォード生地のように表面に凹凸のあるものは、骨格や肌質にマッチしてこなれた雰囲気に。

　デニム、コーデュロイ、ブリティッシュツイードなどの厚手でかための素材も◎。冬に着たいムートンやダウンのジャケットも、ナチュラルタイプなら着太りせずさらっと着こなせます。

　ニットを着るときは、ざっくりと編まれたローゲージニットを。服のなかで体が泳ぐくらいのオーバーサイズを選ぶと、ほどよいボリュームとラフ感が出ておしゃれに決まります。

体の質感と合いにくいのはどんな素材？

　同じ厚みのある素材でも、パリッとした綿シャツやギャバジン生地のトレンチコートなど、フラットできれいめの素材はちょっと苦手。骨感や体の細さが強調され、寂しく物足りない印象になります。

　また、シフォンやポリエステルなどの薄い素材、モヘアなどのやわらかい素材、エナメルなどの光沢がある素材も、骨格や肌質にあまりマッチしません。

　体にお肉がついていない方が多いので、薄い素材やジャストフィットの服のほうがその体型をいかせるのではないか、と思うかもしれません。

　じつは、体のラインが出やすい服は骨の強さや大きさも拾ってしまうので、全体的に骨ばった印象やたくましい印象になりがち。ラフな厚手の素材をゆったりシルエットで着る、これがナチュラルタイプをよりすてきに見せる鉄則です。

ナチュラルタイプに似合う素材

麻

ブリティッシュツイード

コットン

ウール

デニム

革

ナチュラルタイプに似合う柄

タータンチェック

エスニック

ストライプ

ボーダー

ペイズリー

迷彩

重心バランスを制すると、
スタイルアップが叶う

自分の体の「重心」はどこにある？

　骨格タイプごとにさまざまな体の特徴がありますが、大きな特徴のひとつに「重心」の違いがあります。骨格診断でいう重心とは、体のなかでどこにボリュームがあるかを示す言葉。

　ストレートタイプは、胸もとに立体感がありバストトップの高い方が多いので、横から見るとやや上重心ですが、基本的に偏りはなく「真ん中」。

　ウェーブタイプは、バストトップや腰の位置が低く、腰の横張りがある「下重心」。

　ナチュラルタイプは、肩幅があって腰の位置が高く、腰幅の狭い「上重心」の方が多いです。

　自分の体の重心がどこにあるかを知り、服や小物で重心を移動させてちょうどいいバランスに調整する。これが、スタイルアップの秘訣です！

ナチュラルタイプに似合う重心バランス

　重心バランスを調整するためにまずチェックしたいのが、「ウエスト位置」と「トップスの着丈」。ナチュラルタイプは上重心の方が多いため、重心を下げるアイテムや着こなしを選ぶとバランスが整います。

　ウエスト位置はローウエスト。トップスの着丈は、腰骨が隠れる丈からロング丈までOK。基本的にトップスはボトムスにインせずに着るか、長すぎる場合は前だけインしてラフにブラウジングします。

　オーバーサイズのトップスやロングカーディガンに、マキシ丈のスカートを合わせてさらに重心を下げても、ナチュラルタイプならむしろプロポーションが整ってスタイルアップして見えます。

　重心バランスには、服だけでなく小物も関係します。

　バッグは、もつ位置によって重心を上下させることが可能。ナチュラルタイプは大きめのバッグを手からさげてもつと重心が下がります。

　靴は、ボリュームによって重心を上下させます。ナチュラルタイプは、厚底やチャンキーヒール、ハイカットなど、ボリュームのある靴が得意へ。

　ネックレスの長さも抜かりなく！　みぞおち〜おへそ程度の長めのネックレスを身につけると好バランスです。

結論！
秋×ナチュラルタイプに似合う
王道スタイル

アースカラーの
ラフ＆カジュアル
スタイル

存在感のある
アクセサリー

マットな
イエローゴールド

秋タイプの
パーソナルカラーで
ナチュラルに

首もとがあいていない
モックネック

ドロップショルダー
のビッグシルエット

重ね着で
足し算コーデ

シャツはインしない

タックあり
フルレングスの
ワイドパンツ

厚みや風合いのある
素材

大きめバッグ

ボリュームのある
ローファー

パーソナルカラーと
骨格診断に
合っていない
ものを着ると……

青みがかったグレーは、
顔色が悪く見える原因

首もとが縦にあいて
いて、首の長さや
骨っぽさが目立つ

薄手のやわらかい素材
が骨格の強さを強調

小さいバッグが
骨格の強さとアンバランス

膝上スカートで
重心が上がって
バランスがイマイチ

苦手はこう攻略する！

Q. 苦手な色のトップスを着たいときは？

A1. セパレーションする

苦手な色を顔から離す方法が「セパレーション」。
首もとに似合う色のネックレスやスカーフをする
など、似合う色を少しでも顔まわりにもってくる
ことが大切。セパレーションが難しいタートル
ネックは似合う色を選ぶことをおすすめします。

A2. メイクは似合う色にする

メイクの色は顔に直接的な影響を与えます。苦手
な色のトップスの影響を和らげるには、アイシャ
ドウ・チーク・リップを似合う色で徹底！

Q. 明るい色のトップスを着たいときは？

A. ほんの少し濁りのある色を選ぶ

明るくクリアな色はピカッと浮いて見えてしまいますが、少しだけくすんだパステルカ
ラーなら大丈夫。秋タイプの肌をなめらかに美しく見せてくれます。

Q. 鮮やかな色のトップスを着たいときは？

A. やや深みのある華やかな色を選ぶ

トーン図でいう「ディープトーン（dpトーン）」「ストロングトーン（sトーン）」の色は、
少し深みがありつつも華やかな。秋タイプのラグジュアリーな雰囲気を引き立てます。
顔立ちがやさしい方は、べっ甲柄フレームのメガネをかければ、華やかな色にも負けません。

秋×ナチュラルタイプのベストアイテム12

　ここからは、秋×ナチュラルタイプの方におすすめしたいベストアイテム12点をご紹介。秋×ナチュラルタイプの魅力を最大限に引き出してくれて、着まわし力も抜群のアイテムを厳選しました。

　これらのアイテムを使った14日間のコーディネート例もご紹介するので、毎日の着こなしにぜひ活用してください。

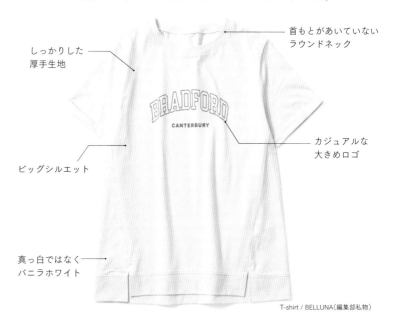

BEST ITEM 1

バニラホワイトのTシャツ

カジュアルスタイルに欠かせないTシャツは、真っ白ではなく黄みを感じるバニラホワイトを。厚手の生地で、ウエストの絞りのないビッグシルエットが似合います。カレッジ風ロゴもナチュラルタイプにぴったり。

首もとがあいていない
ラウンドネック

しっかりした
厚手生地

カジュアルな
大きめロゴ

ビッグシルエット

真っ白ではなく
バニラホワイト

T-shirt / BELLUNA（編集部私物）

ベージュのシャツ

ゆったりとしたシルエットでドロップショルダーのメンズライクなシャツ
がお似合い。厚みと風合いのある生地で、立体感の出る胸ポケットつきが
おすすめ。あたたかみのあるベージュなら肌なじみがよくヘルシーに。

風合いのある厚手生地

ドロップ
ショルダー

あたたかみの
あるベージュ

胸ポケット

ビッグシルエット

Shirt / 編集部私物

サーモンピンクのニット

かわいい色を着たいときは、スモーキーなサーモンピンクがイチオシ。秋
タイプのどのベーシックカラーにも合うので重宝します。ゆったりした身
幅と袖のローゲージニットなら、ふわっとラフに着こなせます。

ドロップ
ショルダー

首もとがあいていない
ラウンドネック

大人かわいい
サーモンピンク

ゆったりとした
身幅と袖

ざっくり編まれた
ローゲージニット

Knit / marvelous by Pierrot

キャメルのボックスプリーツスカート

ナチュラルタイプに似合うスカートは、重心の下がるロング丈やマキシ丈。
大きめのボックスプリーツは下半身にボリュームが出て、肩幅とのバラン
スも整います。マイルドで穏やかなキャメルがおすすめ。

マイルドなキャメル

きちんと感の出る
大きめボックスプリーツ

厚みと
かたさのある生地

重心が下がる
ロング丈

Skirt / marvelous by Pierrot

オリーブグリーンのワイドパンツ

生地に厚みとかたさのあるワイドシルエットのパンツ。腰やお尻や脚の骨感をカバーしてくれて、マットな肌質にもマッチ。丈はフルレングスで長さと重さをしっかり出します。秋タイプが得意なこなれカラーで。

こなれ感たっぷりの
オリーブグリーン

厚みとかたさの
ある生地

腰まわりに
タック入り

ゆったりはける
ワイドシルエット

重心が下がる
フルレングス

Pants / SHOO・LA・RUE

ダークブラウンのロングワンピース

こっくりとした深いブラウンは高級感があり、かつどんな色にも合わせや
すい万能カラー。裾に切り替えとギャザーが入ったロングワンピースは、
かわいいだけでなく重心もしっかり下げてくれます。

こっくりとした
ダークブラウン

首もとがあいていない
ヘンリーネック

ドロップ
ショルダー

Aラインの
ロング丈

切り替えと
ギャザーが
施された裾

One piece / marvelous by Pierrot

チェックのブリティッシュツイードジャケット

メンズライクなダブルジャケットがカッコよく決まるのはナチュラルタイプの特権。得意な要素が詰まった、重厚感のあるブリティッシュツイードの大きめチェック柄で、トラディショナルな雰囲気に。

ブラウン系の
大きめチェック柄

厚みのある
ブリティッシュ
ツイード

ダブル
ボタン

ウエストに
絞りのない
ボックスシルエット

お尻が
隠れる着丈

ゆったりとした
身幅と袖

Jacket / ADAM ET ROPÉ（編集部私物）

キャメルのトレンチコート

美肌見えとおしゃれ見えが同時に叶うキャメルのアウター。トレンチコートを選ぶときは、厚手だけどラフ感もあるカジュアルタイプで、ロング丈を。太めのベルトをやや低い位置でゆるく結ぶのがポイント。

大きめの襟

きれいめすぎない
カジュアルタイプ

ウエストベルトは
低め＆ゆるめに
結ぶ

ビッグ
シルエット

重心が下がる
ロング丈

厚みとかたさの
ある生地

Trench coat / 編集部私物

ダークブラウンのトートバッグ

バッグを選ぶときは、骨格の強さに合う大きめサイズでラフな形のものを。光沢の少ないレザーにマットゴールドの金具がついたトートは使い勝手よし。深みのあるブラウンがコーディネートの品格を上げてくれます。

光沢の少ない
レザー

マットゴールドの
金具

コーデの品格を
上げる
ダークブラウン

大きめで
かっちりしすぎて
いないデザイン

Bag / cache cache

ダークブラウンのビットローファー

靴も骨格に合わせてボリュームのあるものを。重心を下げる役目も担ってくれます。厚みのあるタンクソールがカジュアルなローファーは、落ち着いた色×ゴールド金具でトラッド感アップ。はくシーンを選びません。

ゴールドの
ホースビット

ボリューム感の
あるデザイン

落ち着いた
ダークブラウン

厚みのある
タンクソール

Loafers / earth music&ecology（編集部私物）

マーブル柄のフープピアス
バロックパールのネックレス

存在感のあるマットなアクセサリーが似合います。ピアスやイヤリングは大きめのフープが◎。象牙のようなマーブル柄がおしゃれ。黄みのあるバロックパールのネックレスは、みぞおち〜おへその長さで重心を下げます。

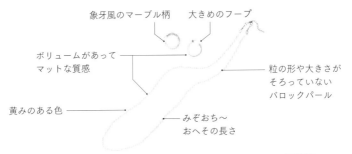

象牙風のマーブル柄　　　大きめのフープ

ボリュームがあって
マットな質感

粒の形や大きさが
そろっていない
バロックパール

黄みのある色

みぞおち〜
おへその長さ

Earrings, Necklace / 編集部私物

革ベルトの腕時計

手首をさりげなく飾る腕時計も、機能性だけでなく色や形にこだわってコーディネートを楽しみましょう！　秋×ナチュラルタイプは、ブラウン系の革ベルト×イエローゴールドでリッチカジュアルに。フェイスは存在感があるものを。

ダークブラウンの
革ベルト

大きめフェイス

メタルはイエローゴールド

Watch / シチズン エクシード

着まわしコーディネート 14Days

　自分に本当に似合うものを選ぶと、「最小限のアイテム」で「最高に似合うコーディネート」をつくることができるようになります。

　先ほどのベストアイテム12点をベースに、スタイリングの幅を広げる優秀アイテムをプラスして、秋×ナチュラルタイプに似合う14日間のコーディネート例をご紹介します。

BEST ITEM

① バニラホワイトのTシャツ

② ベージュのシャツ

③ サーモンピンクのニット

④ キャメルのボックスプリーツスカート

⑤ オリーブグリーンのワイドパンツ

⑥ ダークブラウンのロングワンピース

⑦ チェックのブリティッシュツイードジャケット

⑧ キャメルのトレンチコート

⑨ ダークブラウンのトートバッグ

⑩ ダークブラウンのビットローファー

⑪ マーブル柄のフープピアス／バロックパールのネックレス

⑫ 革ベルトの腕時計

A アイボリーのプルオーバー
Tops / antiqua

B バニラホワイトのトレーナー
Sweatshirt / AMERICAN HOLIC

C キャメルのニット
Knit / AMERICAN HOLIC

D マスタードイエローのカーディガン
Cardigan / KOBE LETTUCE

E ダークブラウンのワイドパンツ
Pants / WEGO

F ダークブラウンのロングコート
Coat / 編集部私物

バッグ

Bag（ベージュトート、イエロートート、ネイビートート）/ L.L.Bean、（ブラウン）/ KOBE LETTUCE、Backpack / cache cache

靴

Boots / WASHINGTON、Loafers・Sneakers（下ブラウン厚底）/ 卑弥呼、Sneakers（上ベージュハイカット）/ CONVERSE、Sandals / welleg

アクセサリー

Necklace（左パール×ゴールド2連）/ marvelous by Pierrot、（右ベージュマーブルモチーフ）/ VENDOME BOUTIQUE、Earrings（左上ゴールドフープ）/ H&M（編集部私物）、（右上ベッコウフープ、下ゴールド×パール）/ MU、Watch / BABY-G

メガネ・サングラス

Sunglasses / Ray-Ban®（編集部私物）、Glasses（上下ともに）/ Zoff

そのほかの小物

Stole（ベージュ）/ 著者私物、（エンジ）/ 無印良品（編集部私物）、（ブルーリネン）/ 編集部私物、（イエローチェック）/ marvelous by Pierrot、Cap（キャメルロゴつき）/ L.L.Bean、（ベージュ無地）/ UNIQLO（編集部私物）

Day 1

ハンサムでかわいいオフィススタイル

サーモンピンク×ダークブラウンは大人っぽいのにかわいい組み合わせ。同系色の濃淡配色なのでまとまり感もあります。コートとストールの色をリンクさせて、コーディネートに奥行きをプラス。ニットの下に着たプルオーバーは、ネックラインを引き上げるだけでなく、明るい色で抜けをつくる効果も。バッグと靴も明るい色でまとめると◎。

●+●+▲+■

カジュアルを身軽に着こなしてフェスへ

Day2

ナチュラルタイプの得意なカジュアルアイテムで夏フェスコーデ。Tシャツはインせずラフに着ると、重心が下がってバランスよく見えます。Tシャツとバッグはともに黄色の色相、パンツはその類似色相（隣接色相より色味の差がある同系色）にあたる黄緑の色相。同系色のなかでも少し色相をずらし、トーンにも変化をつけると、おしゃれにまとまります。

＋

Day3

歩きやすさも備えたスカートスタイル。全体的に穏やかなトーンの同系色でまとめているので、親しみやすくリラックス感のある雰囲気に。靴下の鮮やかなオレンジがアクセント。ストールを首もとにざっくり巻いて、寒さ対策と同時に首の長さをさりげなくカバー。ストールはリーズナブルなものも多いので、複数もっておくとコーディネートの幅が広がります。

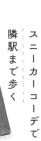

スニーカーコーデで隣駅まで歩く

🄼＋🄼＋🔲

Day4

シックな色に
ターコイズブルーを
きかせて

落ち着いた印象のコーディネートにしたいときは、ダークカラーの面積を増やすのがポイント。ベージュのシャツに、パンツ、靴、バッグのパイピング、メガネを暗めのブラウンでそろえると、シックに決まります。仕上げにブラウン系の反対色であるターコイズブルーをストールでプラス。反対色を少量入れると一気にあか抜けるので、ぜひ試してみて。

⑨+⑩+⑪+▣

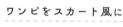

ワンピをスカート風に
カジュアルダウン

Day5

ダークブラウンのワンピースは、トレーナーと合わせるとカジュアルなスカートスタイルに。ブラウンの同系色の鮮やかなトマトレッドをアクセントに足し、落ち着きのなかに華やかさも感じる配色に仕上げます。トレーナーのロゴとバッグのラインに使われているネイビーは、ブラウン＆レッドの反対色相。さりげないこだわりでコーディネートはグッとおしゃれに。

⑥+▣

ゆったり過ごす日の
クラシカルな
色づかい

Day6

カジュアルなイメージのざっくりニット
も、クラシックカラーのきれいめのワイ
ドパンツを合わせると落ち着いた着こな
しに。同系色の濃淡配色であるキャメル
×ダークブラウンは、穏やかに過ごした
い日におすすめのあたたかみを感じる配
色です。トマトレッドのストールをアク
セントで羽織ったら、ややマットなバ
ロックパールのアクセサリーでやさしい
輝きを添えて。

Ⓘ+Ⓐ+◪+Ⓔ

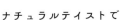

Day7
ナチュラルテイストで
子どもとお出かけ

全体をナチュラルカラーでまとめたやさ
しいコーディネート。同系色のリッチな
ゴールデンイエローが派手すぎないアク
セントに。子どもの荷物もザクザク入る
大きめトートは、鮮やかな秋カラーをそ
ろえておくと差し色として使えます。引
き締め効果のあるダークブラウンのグル
カサンダルには、靴下を合わせてカジュ
アルに。真っ白ではなく淡いベージュ系
を選んで。

Ⓘ+◎+◎+Ⓕ

[Chapter 1] 秋×ナチュラルタイプの魅力を引き出すベストアイテム　　63

Day8

秋の週末は友達と箱根小旅行

華やかなマスタードイエローとナチュラルなキャメルの組み合わせは、心躍る休日のお出かけにぴったり。暖色がメインのぬくもりあるストールは、アイボリーの面積が多くなるように巻くと抜け感が出ます。1泊分の荷物も入る大きめレザートートは、ややマットな質感がナチュラルタイプにマッチ。靴とともにダークブラウンでそろえて深みをプラス。

⑨ + ⑩ + ⑫ + Ａ + Ｄ

Day9

スモーキーなアースカラーをゆったりしたシルエットで着ると、秋×ナチュラルタイプらしいこなれたカッコよさが生まれます。肩かけニットとトートのホワイトで抜けをつくれば、軽やかなパンツスタイルに。キャップとトートのハンドルなど、似た色を小物でちりばめると簡単にまとまり感アップ。カジュアルな着こなしにはあえてフープピアスで上品な輝きを添えて。

②+④+⑫+□

こなれたパンツスタイルで
バスケ観戦

企画会議は
ジャケットで
きちんと感を

Day10

きちんとしたシーンに着たいジャケット×ワンピース。ダークカラーの面積が大きいので落ち着いた印象に。ジャケットはボタンをとめずにゆったり着るのがおすすめです。全体的に暗めのコーディネートのときは、明るい色の小物が好相性。足もとはパンプスよりボリュームのあるローファー＋靴下で、品はキープしながらもナチュラルタイプらしく。

⑥+⑦

Day11

ちょっと甘めの着こなしをしたい日におすすめのサーモンピンク×オリーブグリーン。反対色ですがトーンが近いのできれいに調和します。リュックとスニーカーはパンツの色と濃淡をつけた同系色にして、コーディネートに深みをプラス。ニットの下に着たプルオーバーを裾や袖からチラ見せすると、反対色の2色の間に抜けができてまとまり感が増します。

Ⓙ+Ⓢ+Ⓐ

ほんのり甘い配色で
お気に入りのカフェへ

ジャケットを明るい色で

Day12
軽やかに着る

同じジャケットも、明るい色のアイテムを合わせるとカジュアル寄りに。Tシャツはスカートにインせず重心を下げるのがポイント。ジャケットが少しグレーを感じるチャコールブラウンなので、カジュアルになりすぎずハンサムに仕上がります。ダークブラウンのメガネとべっ甲柄のピアスは、知的な雰囲気をまとえる小物。気分に合わせていろんな自分を楽しんでみて。

①+④+⑦+⑨+⑩+⑫

切手を
お貼り下さい

113-0023

東京都文京区向丘2-14-9

サンクチュアリ出版

『パーソナルカラー秋×骨格診断ナチュラル
似合わせBOOK』
読者アンケート係

ご住所	〒□□□-□□□□		
TEL※			
メールアドレス※			
お名前		男 ・ 女	(歳)

ご職業

1 会社員　2 専業主婦　3 パート・アルバイト　4 自営業　5 会社経営　6 学生　7 その他

ご記入いただいたメールアドレスには弊社より新刊のお知らせやイベント情報などを送らせていただきます。希望されない方は、こちらにチェックマークを入れてください。	メルマガ不要 □

『パーソナルカラー秋×骨格診断ナチュラル　似合わせBOOK』読者アンケート

本書をお買上げいただき、まことにありがとうございます。
読者サービスならびに出版活動の改善に役立てたいと考えておりますので
ぜひアンケートにご協力をお願い申し上げます。

■**本書はいかがでしたか?**　該当するものに○をつけてください。

最悪	悪い	普通	良い	最高
★	★★	★★★	★★★★	★★★★★

■**本書を読んだ感想をお書きください。**

Day13

洗練度を高めたい日は、マスタードイエロー×オリーブグリーン。濁りのあるニュアンスカラーも地味にならずこなれて見えるのは、マットな質感が似合う秋×ナチュラルタイプだからこそ。キャメルのチェックストール、ダークブラウンのメガネとローファーは、同じ色相の濃淡配色。きれいにまとまって動きも出る配色テクニックです。あえて色相を少しずらしたライトカーキのリュックで、ワンランク上のおしゃれを楽しみましょう。

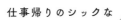

秋×ナチュラルタイプを
洗練させるくすみカラー

仕事帰りのシックな

Day14

デートスタイル

心地いいディナータイムになじむ、トップス・ボトムスともにキャメルのまろやかコーディネートは、秋タイプだからこそ似合う着こなし。アイボリーのプルオーバーを覗かせて、メリハリのあるワザありレイヤードに。コート、バッグ、靴、ピアスはキャメルと同系色のダークブラウンを合わせてシックにまとめ、ストールのマスタードでさりげない華やかさを演出。

Column

ナチュラルタイプなのにカジュアルが似合わない!?

　骨格診断をしていると、「体型はナチュラルなのに、ナチュラルのアイテムがしっくりこない」という方が時々います。その場合、考えられる理由は「顔の印象」と「パーソナルカラーがもつイメージ」とのギャップ。

　たとえば、目鼻立ちがはっきりしていて、パーソナルカラーが冬タイプの方。シャープできれいめな色とデザインが似合うタイプなので、本来ナチュラルタイプに似合うはずのラフなアイテムが似合いにくいケースがあるのです。

　パーソナルカラー診断では「似合う色」を、骨格診断では「似合う形と素材」を見極めますが、加えてサロンでおこなっているのが「似合うファッションテイスト」を見極める『顔診断』。

　顔診断では、「顔の縦横の比率」「輪郭や顔のパーツが直線的か曲線的か」「目の形や大きさ」などにより、顔の印象を4つのタイプに分類します。

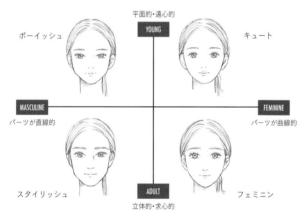

顔の印象に近づける、似合わせのコツ

　ナチュラルタイプなのにナチュラルのアイテムが似合いにくいのは、大人顔の「スタイリッシュ」「フェミニン」タイプ。「スタイリッシュ」タイプの方は、顔まわりを直線的なデザインにして、素材を少しきれいめにするのがポイント。しわ加工の強いシャビーなものは避け、厚手できれいめの素材を選ぶとしっくりきます。

　「フェミニン」タイプの方は、顔まわりを曲線的なデザインにして、素材を少しやわらかくするのがポイント。骨が長くても太くない方が多いタイプなので、フィット感もダボダボではなく、ややゆったり程度にするとちょうどいいです。

Chapter 2

なりたい自分になる、
秋 × ナチュラルタイプの
配色術

ファッションを
色で楽しむ配色のコツ

　ファッションに色をとり入れるのはハードルが高くて、気がつけばいつも全身モノトーン……。そんな方も多いのではないでしょうか?

　でも、自分のパーソナルカラーを知ったいまならチャレンジしやすいはず。ぜひ積極的に似合う色をとり入れて、バリエーション豊かな着こなしを楽しんでいただきたいなと思います。

　この章からは、色のあるアイテムをとり入れるときに役立つ「配色」のコツをご紹介。

　配色とは、2種類以上の色を組み合わせること。相性のいい色同士もあれば、組み合わせるとイマイチな色同士もあり、配色によって生まれる雰囲気もさまざまです。

　すてきな配色に見せる基本ルールを知っておくと、なりたいイメージやシチュエーションに合わせて自在に色を操れるようになり、ファッションがもっと楽しくなります。

すてきな配色に見せるには

　40ページで、色味の違いを「色相」、明度や彩度の違いを「トーン」と呼ぶとお伝えしました。配色で重要なのは、この「色相」と「トーン」の兼ね合いです。

- **色相を合わせるなら、
  トーンを変化させる。**

- **色相を変化させるなら、
  トーンを合わせる。**

　これが配色の基本セオリー。どういうことなのか、コーディネートに使える6つの配色テクニックとともにくわしく説明していきますね。

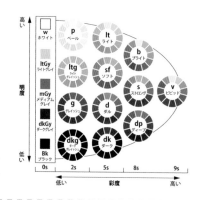

色相を合わせる

色相環で近い位置にある色同士（色味が似ている色同士）を組み合わせるときは、トーンを変化させます。たとえば黄色・オレンジ系の色同士を配色するなら、明度や彩度の異なる黄色・オレンジを組み合わせる、といった感じ。色相を合わせる配色のことを「ドミナントカラー配色」といいます。

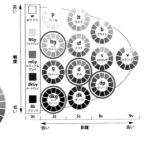

色相環で近い色味でまとめ、トーンは
変化をつけて選択。

トーンオントーン

ドミナントカラー配色のなかでもコーディネートに使いやすいのが「トーンオントーン配色」。トーンのなかで比較的「明度」の差を大きくつける方法です。色相（色味）のまとまりはありながらも、明るさのコントラストがはっきり感じられる配色です。

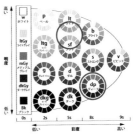

色相環で近い色味（同一も含む）でまとめ、トーンは主に縦に離す。明度差を大きくとって選択。

トーンを合わせる

色相環で遠いところにある色相同士（色相に共通性がない反対色）を組み合わせるときは、トーンを合わせます。明度や彩度が似ている色同士を組み合わせると、きれいな配色になります。トーンを合わせる配色のことを「ドミナントトーン配色」といいます。

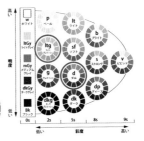

トーン図で近いトーンでまとめ、色相は変化をつけて選択。

配色テクニック③ 色相・トーンを合わせる（ワントーン配色）

色相・トーンともにほとんど差のない色同士をあえて配色することもあります。ファッション用語では「ワントーン」と呼ばれたりもします。専門用語では「カマイユ配色」や「フォカマイユ配色」（カマイユ配色より色相やトーンに少し差をつけた配色）と呼ばれる穏やかな配色で、その場合は異なる素材のアイテム同士を組み合わせるとおしゃれです。

色相、トーンともに色相環・トーン図で近い色で選択。

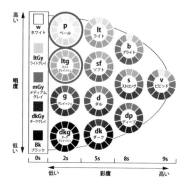

配色テクニック④ 色相・トーンを変化させる（コントラスト配色）

一方、色相やトーンが対照的な色同士を組み合わせると、コントラストがはっきりした配色になります。代表的な配色としては、2色の組み合わせの「ビコロール配色」、3色の組み合わせの「トリコロール配色」があります。

色相やトーンを、色相環・トーン図で離れた色で選択。秋タイプはビビッドすぎるsやdpを使用。

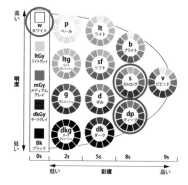

配色テクニック⑤　アクセントカラーを入れる

コーディネートが単調で物足りないときに使うといいのが「アクセントカラー」（強調色）。少量のアクセントカラーをとり入れるだけで、配色のイメージが驚くほど変わります。アクセントカラーは、ベースカラーやアソートカラーの「色相」「明度」「彩度」のうち、どれかの要素が大きく異なる色を選ぶのがポイント。

ベース、アソートに対して、反対の要素の色を入れる（この場合は色相環で離れた色＝色相が反対の色）。

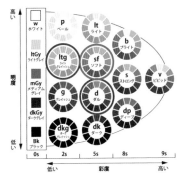

配色テクニック⑥　セパレートカラーを入れる

色と色の間に無彩色（白・グレー・黒など色味のない色）や低彩度色（色味の弱い色）を挟む方法。色相・トーンの差が少ない似た色同士の間にセパレートカラーを挟むと、メリハリが生まれます。また、組み合わせると喧嘩してしまうような色同士の間に挟むと、きれいにまとまります。ニットの裾からシャツを覗かせたり、ベルトをしたり、セパレートカラーを使うときは少ない面積でとり入れるのがポイント。

間にダークブラウンを入れて引き締めている。

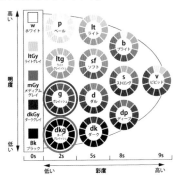

どの色を着るか迷ったときは？
色の心理的効果

自分に似合う色を知っていても、どの色を着ればいいのか迷うことがあるかもしれません。そんなときは、「今日1日をどんな自分で過ごしたいか」から考えてみるのはいかがでしょうか。色によって得られる心理効果はさまざま。色の力を借りれば、新しい自分や新しい日常と出会えるかも！

エネルギッシュに過ごしたい日は

RED レッド

炎や血液を彷彿とさせる、エネルギッシュで情熱的なレッド。大脳を刺激して興奮させる効果があります。

- 自分を奮い立たせて、やる気を出したい日に
- 自信をもって過ごしたい日に
- ここぞという勝負の日に

社交的に過ごしたい日は

ORANGE オレンジ

太陽の光のようにあたたかく親しみがあり、活動的なオレンジ。新しい環境や出会いの場におすすめの色です。

- 積極的にコミュニケーションをとりたい日に
- 陽気な気分で過ごしたい日に
- カジュアルな着こなしをしたい日に

思いきり楽しく過ごしたい日は

YELLOW イエロー

明るく元気なイメージのイエロー。目立ちやすく、人の注意を引く色なので、信号機や標識にも使われます。

- ポジティブに過ごしたい日に
- まわりから注目されたい日に
- 知的好奇心やひらめき力を高めたい日に

リラックスして過ごしたい日は

GREEN グリーン

調和・平和・協調など、穏やかな印象をもつグリーン。自然や植物のように心身を癒やしてくれるヒーリングカラー。

- 心身にたまった疲れを癒やしたい日に
- 些細なことでクヨクヨしてしまう日に
- 穏やかな気持ちでいたい日に

冷静に過ごしたい日は

BLUE ブルー

寒色の代表色で、冷静・信頼・知性などを連想させるブルー。血圧や心拍数を低減させ、気持ちの高揚を鎮める作用があります。

- 心を落ち着かせたい日に
- 考えごとやタスクが多く、焦っている日に
- 理知的な雰囲気を演出したい日に

個性的な自分で過ごしたい日は

PURPLE パープル

古くから高貴な色とされてきた
パープル。正反対の性質をもつ
レッドとブルーからなるため、神
秘的な魅力があります。

・我が道を進みたい日に
・ミステリアスな魅力をまといたい
　日に
・格式高い場所へ行く日に

思いやりをもって過ごしたい日は

PINK ピンク

精神的な充足感を与えてくれるピ
ンク。女性ホルモンであるエスト
ロゲンの働きを高め、肌ツヤを
アップさせる作用も。

・まわりの人たちにやさしくしたい
　日に
・幸福感を感じたい日に
・誰かに甘えたい日に

堅実に過ごしたい日は

BROWN ブラウン

大地のようにどっしりとした安定
を表すブラウン。ダークブラウン
はクラシックなイメージの代表色
でもあります。

・コツコツがんばりたい日に
・自然体でいたい日に
・高級感を演出したい日に

自分を洗練させたい日は

GRAY グレー

日本を代表する粋な色、グレー。
「四十八茶百鼠」という言葉があ
るように、江戸時代の人は100種
以上ものグレーを生み出したそう。

・こなれ感を出したい日に
・シックな装いが求められる日に
・控えめに過ごしたい日に

新しいスタートを切りたい日は

WHITE ホワイト

白無垢やウェディングドレス、白
衣など、清く神聖なものに使われ
るホワイト。純粋さや清潔さを感
じさせる色です。

・新しいことを始める日に
・素直でありたい日に
・まわりの人から大切にされたい日に

強い自分でありたい日は

BLACK ブラック

強さや威厳、都会的などのイメー
ジをもつブラック。1980年代以
降、ファッション界で圧倒的な人
気を誇ります。

・強い意志を貫きたい日に
・プロフェッショナル感を出したい日に
・スタイリッシュな着こなしをした
　い日に

11色で魅せる、
秋×ナチュラルタイプの配色コーディネート

GREEN 1

グリーンを重ねて
話題のヴィーガンカフェへ

秋タイプは4タイプのなかで最もグリーン系が得意。シックなオリーブグリーン×鮮やかなディープイエローグリーンは、同系色でトーンにコントラストをつけたドミナントカラー配色。鮮やかな色を主役にする場合、そのほかの色は色味を抑えると喧嘩しません。ダブルのロングジレ、フレアパンツなど、重心を下げるアイテムでナチュラルタイプらしいこなれ感を。

グリーンのメリハリ配色
ダブルジレでおしゃれ見え
無造作ハーフアップ

①色相を合わせる

T-shirt, Gilet, Pants, Sandals / KOBE LETTUCE
Bag / cache cache
Earrings / VATSURICA
Necklace / 編集部私物
Bangle / marvelous by Pierrot
Sunglasses / Zoff

GREEN 2
グリーン

癒やしカラーで
のんびり上野公園を歩く

ナチュラルなリーフグリーンのニット、
キャメルのスカート、ベージュ・バニラ
ホワイト・ダークブラウンの小物。濁り
のあるニュアンスカラーを中心に、微妙
にトーンが異なるアイテムを合わせて、
穏やかで奥行きのあるコーディネート
に。キャップやリュック、サイドゴアブー
ツなどのカジュアル小物をちりばめて、
秋×ナチュラルタイプの魅力を存分に引
き出しています。

癒やしのアースカラー
小物でカジュアル感増し
白リュックで抜けをつくる

②トーンを合わせる

⑤アクセントカラーを入れる

Knit, Skirt / marvelous by Pierrot
Boots / KOBE LETTUCE
Backpack / Trysil
Stole / 著者私物
Cap / 編集部私物
Earrings / H&M（編集部私物）

似合うグリーンの選び方

4タイプのなかで、最もグリーンのバリ
エーションが多いカラーパレットをもつ
秋タイプ。オリーブグリーンやリーフグ
リーンなど、濁りと深みのあるシックな
グリーンがとくに似合います。暗めの
アースカラーでも地味に見えないのが秋
タイプの魅力。顔が青白く見えてしまう
青緑系や、色が浮いてしまう明るい黄緑
系は、苦手な傾向にあります。

似合うグリーン

オリーブグリーン　　リーフグリーン　　ディープイエローグリーン

苦手なグリーン

ディープブルーグリーン　ペパーミントグリーン　パステルイエローグリーン

BROWN 1

<ruby>BROWN<rt>ブラウン</rt></ruby>

シックなワンピコーデで
ビアガーデン

夏に着る秋カラーは大人っぽくておしゃれ。ウォームベージュのワンピースに同系色のダークブラウンのジレを合わせて落ち着いた印象に。テラコッタのかごバッグで大人の華やかさをプラス。イエローゴールドのロングネックレスやバングルが、秋×ナチュラルタイプのヘルシーな肌をよりリュクスに仕立て上げます。

夏のレイヤードスタイル
かごバッグがアクセント
歩きやすいチャンキーヒール

①色相を合わせる

⑤アクセントカラーを入れる

One piece, Gilet / marvelous by Pierrot
Sandals, Bag / KOBE LETTUCE
Earrings, Necklace, Bangle / 編集部私物
Sunglasses / Zoff

BROWN 2
ブラウン

秋×ナチュラル流、
プレッピースタイル

ゴールドのダブルボタンが華やかなダークブラウンのジャケット。プリーツスカート＆レースアップブーツと合わせれば、プレッピー風のきちんとスタイルに。ブラウンの同系色のマスタードをキリッときかせて。ナチュラルタイプのしっかりした首には、ゆとりのあるハイネックがマッチ。プリーツ幅は太め、チェック柄は大きめで。

大人のプレッピー
ダブルジャケットを着こなす
ナチュラルには大きめディテール

①色相を合わせる

⑤アクセントカラーを入れる

Knit, Stole / KOBE LETTUCE
Jacket / marvelous by Pierrot
Skirt / AMERICAN HOLIC
Boots / WASHINGTON
Bag / cache cache
Earrings / VATSURICA

似合うブラウンの選び方

ブラウンは秋タイプの王道カラー。なかでも、ダークブラウンやコーヒーブラウンはとくにおすすめ。赤みがかった暗めのマホガニーも、クラシックなイメージですてきです。暗めの色でも地味にならず、大人っぽい魅力をより引き出せます。気をつけたいのは、ココアのような白っぽいブラウン。顔がぼんやりしてしまうので注意が必要です。

似合うブラウン

ダークブラウン　　コーヒーブラウン　　マホガニー

苦手なブラウン

ココア　　　　　　ローズブラウン

ORANGE 1
オレンジ

やさしいオレンジで
引き出すエレガンス

クリアな色がやや苦手な秋タイプが明る
い色を着たいときは、少しくすんだ色を
選ぶと肌がなめらかに見えます。わずか
にニュアンスのあるディープピーチのス
トール、スモーキーオレンジのストライ
プシャツとパンツで、やわらかくかわい
い雰囲気に。骨格の個人差が大きいナ
チュラルタイプ。手足が長くても骨に太
さを感じない方は、服のボリュームを少
し抑えても OK。

やさしい色でエレガントに
小物もくすみカラーで
骨格に合わせてボリュームを調整

①色相を合わせる

Shirt, Pants, Sandals / KOBE LETTUCE
Bag / cache cache
Stole / 編集部私物
Earrings / VATSURICA
Watch / シチズン エクシード

ORANGE 2
オレンジ

バリ島旅行で
エスニック気分を満喫

オレンジのなかでもラグジュアリーな
ムードが漂うテラコッタ。ゆったりシル
エットや裾の切り替えが骨格にマッチし
たコットンレースワンピースで、青い空
と海のビーチリゾートへ。小物はワン
ピースの同系色で濃淡配色に。天然素材
のかごバッグや存在感のあるアクセサ
リーでエスニック気分を盛り上げて。と
ころどころに入った少量のアイボリーが
抜けをつくります。

秋×ナチュラルらしいエスニックコーデ
天然素材がお似合い
ブラウンサンダルで大人っぽく

①色相を合わせる

One piece / 編集部私物
Sandals / KOBE LETTUCE
Bag / Trysil
Earrings, Necklace / VENDOME BOUTIQUE
Sunglasses / Zoff

似合うオレンジの選び方

オレンジは秋タイプが得意な色です。な
かでも深みのあるテラコッタ系はイチオ
シ。クリアで鮮やかなオレンジも、深み
のある色であれば OK。秋タイプのなか
でも目鼻立ちのはっきりした方なら華や
かに着こなせます。一方、明るくクリア
なオレンジは肌になじみにくく、ちょっ
と苦手です。

似合うオレンジ

テラコッタ

オレンジ

スモーキーオレンジ

苦手なオレンジ

アプリコット

ライトオレンジ

BEIGE 1

ベージュ

ナチュラルなワントーンで
河口湖キャンプ

オフホワイトのトレーナーに、ベージュ
のフリースベストとチノスカートを合わ
せたワントーンコーデ。アウトドアに合
うカジュアルアイテムも、秋×ナチュ
ラルタイプなら子どもっぽくならずお
しゃれに決まります。ベージュの同系色
でトーンをずらしたブロンズのリュック
と、反対色のダークターコイズのポイン
トづかいがほどよいアクセントに。

#大自然になじむナチュラルカラー
#スカートはロング丈で
#コンバースは断然ベージュ

①色相を合わせる

⑤アクセントカラーを入れる

Sweatshirt / marvelous by Pierrot
Vest / L.L.Bean
Skirt, Cap / 編集部私物
Sneakers / CONVERSE
Socks / 無印良品（編集部私物）
Backpack / OUTDOOR PRODUCTS
Earrings / H&M（編集部私物）

BEIGE 2
ベージュ

友達と集まる日の
洗練ニュアンスカラー

ライトベージュとライトカーキを合わせ
た、淡いニュアンスカラー同士のフォカ
マイユ配色。暗い色のサングラスとサン
ダルで引き締め、アクセサリーで華やか
さを添えたら、レッドブラウンのリップ
で大人っぽく仕上げて。ノースリーブを
着るときは、肩幅が強調されにくいもの
をチョイス。ゆったりした身頃で、袖
口が身頃の幅を超えないデザインがベ
ター。

#少しだけ差をつけたワントーン
#秋×ナチュラルタイプのきれいめコーデ
#リップを差し色に

（③色相・トーンを合わせる）

Tank top, Sandals, Bag / KOBE LETTUCE
Pants, Bangle / marvelous by Pierrot
Stole / 編集部私物
Earrings / VENDOME BOUTIQUE
Necklace / MU
Sunglasses / Zoff
Watch / シチズン クロスシー

似合うベージュの選び方

ベージュは全般的に得意な色。黄みのあ
るあたたかなベージュは、秋タイプの肌
がなめらかに美しく見え、血色もアップ
します。ただし、グレーがかったベージュ
はやや寂しい印象になってしまいます。
ベージュの服を選ぶときは、顔色がよく
見えるか、肌がきれいに見えるか、鏡で
しっかり確認しましょう。

似合うベージュ

ベージュ　　　　キャメル

苦手なベージュ

グレーベージュ

RED 1

華やかな赤を着て
パリの下町を歩く

トマトレッド×オリーブグリーンの反対色相コーデで、芸術家たちが暮らした街を散策。華やかなレッドとシックなグリーンの配色は、メリハリがありながらも落ち着いた雰囲気。ローゲージのオフタートルニットは、首が長くしっかりしているナチュラルタイプによく似合うアイテム。長めのペンダントネックレスやサイドゴアブーツでしっかり重さを出して。

反対色相を大人っぽく着るコツ
ざっくりオフタートル
華やかムーランルージュカラー

④色相・トーンを変化させる

Knit, Boots / KOBE LETTUCE
Skirt / L.L.Bean
Bag / cache cache
Stole / 著者私物
Earrings / MU
Necklace / VENDOME BOUTIQUE

RED 2
レッド

フレンチカジュアルで
古本屋さんめぐり

トマトレッドのボーダーカットソーは、
ダークブラウンを合わせると大人カジュ
アルに。同系色の濃淡配色ですが、明度
差があるためアクティブな着こなしにな
ります。ナチュラルタイプがミモレ丈ス
カートをはくと、キュートな印象がアッ
プ。大きめバッグとオックスフォード
シューズで重心を下げるのがポイント。
掘り出しものの古本を探し歩く日に。

ボーダーを大人カジュアルに着こなす
あえてスニーカーを合わせない
メガネで知的に

①色相を合わせる

Tops, Bag / KOBE LETTUCE
Cardigan / 編集部私物
Skirt / GU（編集部私物）
Shoes / WASHINGTON
Socks / 無印良品（編集部私物）
Earrings / LAKOLE（編集部私物）
Glasses / Zoff

似合うレッドの選び方

イエローベースの秋タイプには、黄みが
かった朱赤に黒やグレーを混ぜてでき
る、レンガ色やトマトレッドがよく似合
います。深みのあるあたたかなレッドを
選ぶことで、顔色がよく見え、肌もなめ
らかに。反対に、明るすぎる朱赤は肌に
なじまず浮いてしまい、赤紫系のワイン
レッドやラズベリーレッドは顔色が寂し
く見えてしまいます。

似合うレッド

レンガ

トマトレッド

オレンジレッド

苦手なレッド

ワインレッド

ラズベリー

ローズレッド

YELLOW
イエロー

春の日差しが似合う
イエロー×オレンジ

インパクトのあるイエロー×オレンジの
配色も、スモーキーなマスタード×テラ
コッタにすると派手になりすぎず上品
に。トップスには色味の弱いバニラホワ
イトを合わせて軽やかさを出します。全
体的に暖色の同系色でまとめたあたたか
みのあるコーディネート。シャツの裾は
アウトし、袖をまくってラフに着こなして。
アクセサリーを可憐なデザインにしてか
わいらしく仕上げると◎。

#くすみイエロー×オレンジ
#春色コーデ
#ボリュームたっぷりフレアロングスカート

(①色相を合わせる)

Tanktop, Skirt, Sandals, Bag / KOBE LETTUCE
Shirt / marvelous by Pierrot
Earrings / VENDOME BOUTIQUE
Necklace / 著者私物
Watch / SHEEN

似合うイエローの選び方

ノーメイクだと頬にあまり色味のない方
が多い秋タイプには、オレンジっぽいこっ
くりとしたゴールデンイエローや、スモー
キーなマスタードがおすすめです。あた
たかみのあるイエローを選ぶことで、肌
の血色感がグッとアップ。反対に避けた
ほうがベターなのは、黄緑がかった蛍光
色のレモンイエロー。顔色が青白くなっ
てしまうので注意が必要です。

似合うイエロー

ゴールデンイエロー　マスタード　　　ゴールド

苦手なイエロー

レモンイエロー　　ライトレモンイエロー

BLUE

仕事が立て込んでいる日に着たい深みブルー

心を落ち着かせるブルーは、深みのあるダークターコイズでとり入れて。ベージュに近いバニラホワイトを合わせると、ほどよくメリハリが生まれます。秋タイプは強すぎないコントラストを意識すると肌色にマッチ。マーメイドスカートは、絞りがあまりなくストレートに近いシルエットのものを。ピンヒールではなくチャンキーヒールでボリュームをプラス。

\# 落ち着きのあるダークターコイズ
\# 2連ロングネックレス
\# マットに輝くバロックパール

④色相・トーンを変化させる

Knit, Cardigan, Bag / marvelous by Pierrot
Skirt / GU（編集部私物）
Boots, Stole / 著者私物
Earrings / MU
Necklace / 編集部私物

似合うブルーの選び方

ブルーは秋タイプがあまり得意ではない色ですが、慎重に選べば大丈夫！　やや濁りのあるスモーキーなブルーや、緑がかったダークターコイズは、髪や瞳のダークブラウンと調和して肌がきれいに見えるのでおすすめ。反対に、鮮やかなロイヤルブルーやパステル系のブルーは、肌になじまず浮いてしまうので注意が必要です。

似合うブルー

ダークターコイズ　ターコイズ

苦手なブルー

ロイヤルブルー　パステルアクア　パウダーブルー

PINK

映画デートは色と素材で
ふんわり甘く

かわいらしさとリラックス感を同時に叶えるなら、バニラホワイトのオフタートルニット×ディープピーチのワイドパンツ。ストールと靴はあえて明るいホワイトにして、全体をやさしい色調でまとめます。ニットと同系色のベージュ系のファーバッグでふんわりさせたら、メガネとシリコンラバーの腕時計で甘さを引き締めるのがナチュラル流。

\# 色は甘くデザインはカジュアルに
\# ゆったりシルエット
\# ミニシアターでのんびり過ごす

③色相・トーンを合わせる

Knit, Pants / KOBE LETTUCE
Loafers / 卑弥呼
Bag / Faviora faux fur
Stole / estää
Earrings / marvelous by Pierrot
Necklace / 編集部私物
Glasses / Zoff
Watch / BABY-G

似合うピンクの選び方

ピンクが好きな秋タイプの方は、スモーキーなサーモンピンクやディープピーチを選んでみて。秋タイプならではの大人っぽいかわいらしさを引き出してくれて、とてもやさしい雰囲気のコーディネートになります。黄みの強いピンクでも、明るすぎたりクリアすぎたりすると浮いてしまうので、少し濁りと深みのある色を選ぶのがポイント。青みがかったショッキングピンクやローズピンクは、顔色が青白く見えてしまうので苦手です。

似合うピンク

サーモンピンク　　ディープピーチ　　スモーキーピンク

苦手なピンク

ショッキングピンク　ローズピンク　　オーキッド

NAVY

フレッシュ配色で
カジュアルな打ち合わせ

ネイビーのデニムワイドパンツには、さわやかなピスタチオグリーンのダブルジャケットを着てきれいめカジュアルに。ともにトーンを抑え、バニラホワイトのインナーでセパレーションしているので、反対色でも品よく調和します。バッグとサンダルも明るいニュアンスカラーにすると洗練度アップ。サングラスでアクセントを加えればクールに決まります。

\# ジャケット×デニムの上級者コーデ
\# ラフさを忘れずに
\# ニュアンスカラー小物

④色相・トーンを変化させる

⑥セパレートカラーを入れる

Tanktop, Sandals / KOBE LETTUCE
Jacket, Bag / marvelous by Pierrot
Jeans / 編集部私物
Stole / 編集部私物
Earrings, Necklace / 編集部私物
Sunglasses / Ray-Ban®(編集部私物)

似合うネイビーの選び方

比較的多くの方に似合いやすいネイビーですが、じつは秋タイプはそれほど得意な色ではありません。ネイビーを着るときは、顔から遠いボトムスにとり入れるのがおすすめです。もしトップスで着たい場合は、緑がかったネイビーを選ぶと血色がよく見えます。反対に、青紫系のネイビーは寂しい印象になるので気をつけて。

似合うネイビー

マリンネイビー

苦手なネイビー

ソフトネイビー

WHITE
ホワイト

リラクシーなジャンスカで
家族と食事

深いVネックのロングジャンパースカー
トは、重心が下がってスタイルアップ。
ウエストの絞りがないのでリラクシー
に着こなせます。ラウンドネックのイ
ンナーを合わせて首もとのラインを上げ
て。アイボリー×オフホワイトに、ほん
の少しトーンを変えたウォームベージュ
のブーツの組み合わせで、家族と過ごす
ひとときをよりいっそうあたたかいもの
に。

ホワイトのワントーンコーデ
めくもりのある配色
モスグレーの腕時計がアクセント

③色相・トーンを合わせる

Jumper skirt, Earrings / 編集部私物
LongT-shirt / antiqua
Boots / 著者私物
Bag, Necklace / marvelous by Pierrot
Stole / estää
Watch / ウィッカ

似合うホワイトの選び方

ベージュに近いアイボリーやバニラホワ
イトは肌なじみがよく、秋タイプのオー
クル系のマットな肌にとてもよく似合い
ます。「身につけたときに肌が健康的に
見えるか」がチェックポイント。真っ白
は、秋タイプの肌にマッチしにくい色。
色だけが浮いてしまい、顔が青白く見え
るので注意が必要です。

似合うホワイト

バニラホワイト

苦手なホワイト

ピュアホワイト

90

BLACK
_{ブラック}

黒を秋×ナチュラルらしく
シックに着る

ブラック×ブロンズはシックに決まる洗練配色。明度差のあるバニラホワイトを入れることでメリハリが生まれ、よりおしゃれに仕上がります。ミモレ丈スカートも、ロングジレ&サイドゴアブーツと合わせるとほどよく下重心に。秋×ナチュラルタイプの肌によくなじむ、マットな質感の型押しレザーバッグを手もちして、ラフなカッコよさを出して。

ブラックは顔から離して使う
便利でおしゃれなロングジレ
オンオフ両対応コーデ

④色相・トーンを変化させる

Knit, Earrings, Necklace / marvelous by Pierrot
Gilet / YECCA VECCA
Skirt / KOBE LETTUCE
Boots, Bag / 編集部私物

似合うブラックの選び方

ブラックは「誰にでも似合う」「無難」というイメージがあるかもしれませんが、じつは4タイプのなかで冬タイプのみに似合う色。暗い色が得意な秋タイプも、ブラックは肌の色となじまずあまり得意ではありません。コーディネートを組むときは、ボトムスやバッグなど顔から離れたところで使うと、顔が色に負けずシックにまとまります。

似合うブラック

ソフトブラック

苦手なブラック

ブラック

Column

「似合う」の最終ジャッジは試着室で

買う前に試着、していますか?

　さまざまなファッション理論をもとに「似合う」の選び方をお伝えしてきましたが、いざ購入する前にできるだけしていただきたいこと、それは「試着」です。

　人の肌の色や体のつくりは、パーソナルカラーや骨格タイプが同じ方でもおひとりずつ微妙に異なります。アイテムの色や形やサイズ感が自分に本当に似合うかどうかは、実際に身につけてみなければ厳密にはわかりません。

　いまは、オンラインストアの商品を自宅や店舗で試着できるサービスもありますので、できれば購入前に試してみることをおすすめします。

　試着しても自分に似合っているのかどうかイマイチわからないという方は、下のチェックリストをぜひ参考にしてみてください。

秋×ナチュラルタイプの試着チェックリスト

事前準備

☐ 着脱しやすい服で行く
☐ 普段の外出時につける下着をきちんと身につける
☐ コーディネートしたい服や靴で行く
☐ 合わせ鏡で後ろ姿まで見えるように、手鏡を持参する
　（スマホのインカメラでもOK。購入前の商品の撮影は
　マナー違反になる場合があるため注意）

**ナチュラルタイプの
チェックリスト**

☐ （トップス）肩幅が広く見えすぎて、
　バランスが悪くなっていないか

☐ （トップス）鎖骨や肩関節が
　目立ちすぎていないか

☐ （トップス・ボトムス）服と体の間に
　十分なゆとりがあるか

☐ （トップス・ボトムス）
　素材がフラットでシンプルすぎ
　て、寂しく見えないか

☐ （トップス・ボトムス）
　素材がやわらかすぎて骨感が
　目立っていないか

☐ （ボトムス）腰やお尻のラインを
　拾いすぎず、適度なボリュームが
　出ているか

☐ （パンツ）靴と合わせたとき、
　足首が隠れる丈になっているか

秋タイプのチェックリスト

☐ 肌色が血色よく元気よく
　見えるか

☐ アイテムの色に青みがあり、
　顔が青白くなっていないか

☐ アイテムの色が明るすぎ・
　鮮やかすぎて、色が肌から
　浮いていないか

Chapter 3

秋 × ナチュラルタイプの
魅力に磨きをかける
ヘアメイク

秋×ナチュラルタイプに似合う
コスメの選び方

最高に似合う鉄板メイクを見つけよう

　顔に直接色をのせるメイクは、パーソナルカラーの効果を実感しやすい重要なポイント。似合う服を着ていても、メイクの色がイマイチだと「似合う」が薄れてしまいます。

　逆にいうと、本来得意ではない色の服を着たいときや着なければいけない事情があるときは、メイクを似合う色にすれば服の色の影響を和らげることが可能。とくにチークとリップを似合う色で徹底するだけで、顔色がよくなりいきいきと輝きます。

　「コーディネートに合わせてメイクも変えなくては」と思っている方も多いかもしれませんが、自分に最高に似合う鉄板メイクが見つかれば、毎日同じメイクでも大丈夫。決まったコスメを使っていればいつもきれいでいられるなんて、忙しい日常を送る私たちにはうれしいですよね。

　もちろん、自分に似合うメイクパターンをいくつかもっておい

て、コーディネートやシーンに合わせて使いわける楽しみもあります。どちらでも、ご自身に合うメイク方法を試してみてください。

秋×ナチュラルタイプがコスメを選ぶときのコツ

　オークル系でマットな質感の肌の方が多い秋タイプ。そのヘルシーな肌をより美しくなめらかに見せるコスメを選ぶことが大切です。

　カラフルなコスメはつい目移りしてしまいますが、見た目で「ちょっと地味かな？」「暗いかな？」と感じるくらいの深みのあるスモーキーカラーがおすすめ。実際につけてみると肌によくなじみ、きめ細かなマット肌ができあがります。

　秋タイプ・ナチュラルタイプともにマットな質感が似合うタイプ。メイクもマット系が似合うので、パールやラメを使うなら、粒子の細かいイエローゴールド系やブロンズ系を。

　ハイライトは、真っ白を避けてベージュ系を選びましょう。

おすすめのメイクアップカラー

アイシャドウ

パーソナルカラー4タイプのうち、黄みの強い色がいちばん似合うのが秋タイプ。深みのあるテラコッタ系オレンジやゴールド系ブラウンなどがおすすめ。ブラウンのグラデーションもとても得意です。

テラコッタ　　ゴールド　　オリーブグリーン

バニラホワイト　サーモンピンク　ダークブラウン

チーク

「チークにしては地味？」と感じるくらいのスモーキーな色が、秋タイプの肌をふんわりなめらかなマット肌に見せてくれます。明るすぎるパステルカラーは色が浮いて子どもっぽくなるので注意を。

サーモンピンク　ディープピーチ　オレンジベージュ

リップ

リップもやや暗めで濁りのある色が得意。深みのあるレッドブラウン系は大人っぽく、ソフトなベージュ系はヌーディーで軽やかに仕上がります。セミマットタイプで洗練された口もとに。

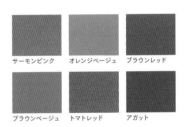

サーモンピンク　オレンジベージュ　ブラウンレッド

ブラウンベージュ　トマトレッド　アガット

アイブロウ・アイライナーなど

ブラウン系のなかでも、黄みを含んだ色のものを。黄みがかった暗めの髪の色や瞳の色によくマッチします。

オリーブブラウン　コーヒーブラウン　ダークブラウン

最高の顔になる、
ナチュラルタイプの
ストコスメ

深みカラーでつくる大人の洗練メイク

秋×ナチュラルタイプが得意な深みのある
スモーキーカラーで、ヴィンテージ感漂う
洗練メイクに。肌がよりなめらかに見え、
髪や瞳の色とも調和して本来の美しさを引
き出してくれます。デイリーメイクとして
はもちろん、少しドレッシーな服でお出か
けする日にも◎。

基本ナチュラル
メイク

アイシャドウ
DIOR

ディオールショウ サンク ク
ルール 689 ミッツァ

深みのあるテラコッタやマホ
ガニーが入ったアイシャドウ
パレットは、魅力的な目もと
を演出してくれる優秀アイ
テム。得意なブラウン系のグ
ラデーションで「最高に似合
う」を手に入れて。赤みの色
が入るとエスニックな雰囲
気に。キラキラしすぎず繊細
に輝くタイプなので、秋タイ
プの肌にもなじみやすくラグ
ジュアリーに仕上がります。

チーク
CLINIQUE

チーク ポップ 18 ピンク ハ
ニー ポップ

少しスモーキーなサーモン
ピンクで、血色感のあるふ
んわりとしたマット肌に。
秋タイプは頬に色味がない
方が多いので、チークは省
かず入れるようにしましょ
う。

リップ
SUQQU

バイブラント リッチ リッ
プスティック 07 漆火
SHITSUBI

深みのあるレッドブラウン
のリップ。赤みが強めの色
は、秋×ナチュラルタイプの
大人っぽい魅力を存分に引
き立てます。同じ赤でも明
るくクリアな朱赤は、肌の明
るさとのバランスがとれず
色が浮いてしまうので気を
つけて。重すぎないセミマッ
トタイプで洗練感アップ。

ゴールデンイエローで楽しむ
リッチメイク

アイシャドウ

SUQQU

シグニチャー カラー アイズ
10 採葉集 IROHAATSUME

黄みの強い色が最も似合う
秋タイプ。このくらい黄みの
強いゴールデンイエローを
のせても顔が黄色くくすま
ず、おしゃれに仕上がります。
グレイッシュなセピアブラウ
ンやマホガニーとともに、秋
の紅葉のようにリッチなアイ
メイクを楽しんで。ブロンズ
カラーの繊細なラメで華や
かさもアップします。

チーク

LAURA MERCIER

ブラッシュ カラー イン
フュージョン 04 GINGER

色味を抑えたオレンジベー
ジュで、さりげなく色を仕
込んでヘルシー肌に。マッ
トなテクスチャーが上品な
抜け感をつくってくれます。

リップ

SUQQU

バイブラント リッチ リッ
プスティック 08 冴褐色
SAEKASSHOKU

先に紹介した同じシリーズ
の『07 漆火』よりも、黄み
が強く彩度が低めのブラウ
ンレッド。より肌なじみが
よくなり、シックな雰囲気
に仕上がります。

抜け感のある
ヌーディーメイク

アイシャドウ
b idol

THE アイパレ R 03 秘密のオ
レンジ

秋タイプがヌーディーなメイ
クをしたいときは、テラコッ
タ系のマットカラーと繊細
なゴールドラメカラーのアイ
シャドウパレットがおすすめ。
明るさの差があまりない色同
士なので、ナチュラルで洗練
された目もとに。さまざまな質
感のカラーが入ったパレット
は、つけ方次第でシックにも
華やかにもなるので便利です。

チーク
CEZANNE

ナチュラル チーク N 05
ベージュオレンジ

少し暗めの落ち着いたオレ
ンジ系。光りすぎない上品
なゴールドラメが、肌にほ
どよくつやめきを与えてく
れます。

リップ
KATE

リップモンスター 03 陽炎

シアーなブラウンベージュ
のリップは、秋×ナチュラ
ルタイプをこなれて見せる1
本。赤みのあるベージュが
ちょうどいい血色感に。同
じ赤みのベージュでも、赤
紫までいくとブルーベース
の色になるので、色味に注
意しましょう。

秋×ナチュラルタイプに似合う
ヘア&ネイル

**本命ヘアは、
くすみカラーの無造作スタイル**

　顔まわりを縁どる髪は、服やメイクとともにその人の印象を大きく左右します。パーソナルカラーのセオリーをヘアカラーに、骨格診断のセオリーをヘアスタイルにとり入れて、もう一段上の「似合う」を手に入れましょう！

　秋タイプに似合うヘアカラーは、黄みのあるダークブラウンや、緑みのあるマットカラーなど、暗めのくすみカラー。

　赤みの強いピンクやバイオレット、青みの強いブルーアッシュは、顔色が抜けて青白く見える原因に。金髪などの明るすぎる色も、肌の色とあまりマッチしません。

　ナチュラルタイプに似合うヘアスタイルは、適度に重さを残したラフなスタイル。毛先を遊ばせたり、全体的にゆるっと巻いたり、きっちりまとめず無造作に仕上げるとこなれた雰囲気がアップします。

おすすめのヘアカラー

マットブラウン　オリーブブラウン

モカブラウン　ダークブラウン

マロンブラウン　ナチュラルブラウン

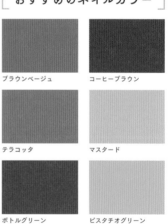

おすすめのネイルカラー

ブラウンベージュ　コーヒーブラウン

テラコッタ　マスタード

ボトルグリーン　ピスタチオグリーン

Short

ランダムに遊ばせた
ショートヘア

カジュアルなショートヘアは、
太めのヘアアイロンで内巻き
と外巻きをミックスさせ、ラ
フに仕上げるのがポイント。
少し緑みを感じるオリーブブ
ラウンなど、くすみカラーで
大人っぽく。

Medium

ナチュラルさが魅力の
ミディアムヘア

ボブ系ヘアにするときは、ス
トレートではなく毛先に動き
をつけるとグッとおしゃれに。
オレンジ系のナチュラルブラ
ウンの細かいハイライトで、
自然な立体感を演出。

Long

ブラウンベージュの
ヘルシーロングヘア

深みのあるブラウンと透明感
のあるベージュを混ぜたブラ
ウンベージュ。全体にハイラ
イトを細かく入れて、ヘルシー
なやわらかヘアに。顔まわり
は外巻き、それ以外はランダ
ムに巻いて。

Arrange

ルーズにまとめた
ニュアンスアレンジ

ロングヘアをランダムに巻い
て低い位置で束ねた、クラシ
カルなスタイル。髪をつまん
で適度に引き出し、ルーズに
仕上げると◎。ヘアアレンジ
するときも無造作感を忘れず
に！

102

Nail

タイダイ風の
ベージュ系ネイル

ベージュ×ブラウンの落ち着いたネイルなら、どの秋カラーの服を合わせてもマッチ。タイダイ風のデザインは肌なじみがよく、高級感も出るのでおすすめです。大きめのパールを華やかなアクセントに。

実りの秋に楽しみたい
アースカラーネイル

穏やかなトーンを使った黄色＆オレンジ系のフォカマイユ配色。大理石風にニュアンスをつけたスモーキーカラーが肌によくなじみます。秋×ナチュラルタイプらしい、大きめのマットゴールドのパーツで大人っぽく。

リュクスな輝きの
グリーン系ネイル

ボトルグリーン×ピスタチオグリーン×グレージュは、明るさのコントラストをつけたモダンな配色。明るい色でも濁色なら上品なメリハリ感に。ホワイトシェルやイエローゴールドのホイルなどでリュクスな輝きを添えて。

Epilogue

　本書を最後まで読んでくださってありがとうございました。

　あなたの魅力を輝かせる『パーソナルカラー×骨格診断別　似合わせBOOK』。

　個性を引き出す、ファッションやヘアメイク、ネイルをご覧いただきいかがでしたでしょうか。

「パーソナルカラー×骨格診断」。この2つのセオリーは、あなたがすでにいま、持っている魅力や個性を引き出し、より美しく輝かせるものです。もちろん、ファッションは楽しむものなので、セオリーに縛られることなく、自由に服選びを楽しんでいただければと思います。

　でも、あまりにも多くの情報があふれるいま、つい、自分にないものを求めてしまったり、他の人と比べてしまうことも、もしかしたらあるかもしれません。

　そんなふうに何を着たらよいか迷ってしまったときに、この本が、あなたらしいファッションに気づく、ひとつのきっかけになればとてもうれしく思います。

　私のサロンに来られるお客さまは、パーソナルカラーと骨格診断に合った色やデザインの服、メイクを実際にご提案すると「今までこんな服やメイクはしたことがなかったです！」「私は、本当はこういう服が似合うんですね！」と驚かれる方もたくさんいらっしゃいます。朝に来店されたときとは見違えるほどすてきになった姿を、数えきれないくらい目にしてきました。

　自分自身を知り、それを最大限にいかすことは、「あなたらしい、身に着けていて心地よいファッション」を叶える近道になると思います。

　色とりどりの服やコスメは、それを目にするだけで、私たちをワクワクした気持ちにさせてくれます。色とファッションのもつパワーを味方につけて、ぜひ、毎日の着こなしを楽しんでくださいね。

毎朝、鏡に映るあなたの顔が、これからもずっと、幸せな笑顔であふれますように。

　最後になりますが、この12冊の本を制作するにあたり、本当に多くの方に、お力添えをいただきました。

　パーソナルカラーと骨格診断のセオリーにマッチした、膨大な数のセレクトアイテム。その全商品のリースを、一手に引き受けてくださったスタイリストの森田さん。根気よく置き画制作を担当してくださった、佐野さんはじめ、スタイリストチームのみなさん。すてきな写真を撮ってくださったフォトグラファーのみなさん、抜けのある美しいメイクをしてくださったヘアメイクさん、頼りになるディレクターの三橋さん、アシストしてくださった鶴田さん、木下さん、すてきな本に仕上げてくださったブックデザイナーの井上さん。

　そして、本書の編集をご担当いただきました、サンクチュアリ出版の吉田麻衣子さんに心よりお礼を申し上げます。特に吉田さんには、この1年、本当にいつもあたたかく励ましていただき、感謝の言葉しかありません。最高のチームで、本づくりができたことに感謝の気持ちでいっぱいです。

　また、アイテム探しを手伝ってくれた教え子たち、そして、この1年、ほとんど家事もできないような状態の私を、何もいわずにそっと見守ってくれた主人と息子にも、この場を借りてお礼をいわせてください。本当にありがとう。

　たくさんのみなさまのおかげでこの本ができあがりました。本当にありがとうございました。

2024年3月　海保 麻里子

協力店リスト

＜衣装協力＞

・OUTDOOR PRODUCTS
（アウトドアプロダクツ）
https://www.outdoorproducts.jp

・AMERICAN HOLIC
（アメリカンホリック）
https://stripe-club.com/american-holic

・antiqua
（アンティカ）
https://www.antiqua.co.jp

・YECCA VECCA
（イェッカ ヴェッカ）
https://stripe-club.com/yeccavecca

・VENDOME BOUTIQUE
（ヴァンドームブティック）
https://vendome.jp/vendome_boutique

・WEGO
（ウィゴー）
https://wego.jp

・ウィッカ
https://citizen.jp

・welleg
（ウェレッグ）
https://welleg.jp

・estää
（エスタ）
https://www.moonbat.co.jp/

・L.L.Bean
（エル・エル・ビーン）
https://www.llbean.co.jp

・cache cache
（カシュカシュ）
https://www.unbillion.com/brand/cachecache

・KOBE LETTUCE
（コウベレタス）
https://www.lettuce.co.jp

・CONVERSE
（コンバース）
https://converse.co.jp

・SHEEN
（シーン）
https://www.casio.com/jp/watches/sheen/

・シチズン エクシード
https://citizen.jp

・シチズン クロスシー
https://citizen.jp

・SHOO・LA・RUE
（シューラルー）
https://store.world.co.jp/s/brand/shoo-la-rue/

・Zoff
（ゾフ）
https://www.zoff.co.jp/shop/default.aspx

・Trysil
（トライシル）
https://zozo.jp/shop/trysil/

・VATSURICA
（バツリカ）
https://www.vatsurica.net

・Honeys
（ハニーズ）
https://www.honeys-onlineshop.com/shop/
default.aspx

・卑弥呼
（ヒミコ）
https://himiko.jp

・Faviora faux fur
（ファビオラ フォー ファー）
https://www.moonbat.co.jp/

・BABY-G
（ベビージー）
https://gshock.casio.com/jp/products/
women/all

・marvelous by Pierrot
（マーベラス バイ ピエロ）
https://pierrotshop.jp

・MU
（ムー）
https://accessorymu.theshop.jp

・WASHINGTON
（ワシントン）
https://www.washington-shoe.co.jp

＜ヘアスタイル画像協力＞

P101上　LUCUA（ルクア）／OZmall
https://www.ozmall.co.jp/hairsalon/1048/

P101下、P102上　kakimoto arms
（カキモトアームズ）
https://kakimoto-arms.com

P102下　ar clip（アールクリップ）／
OZmall
https://www.ozmall.co.jp/hairsalon/1246/

＜ネイル画像協力＞

P103上下　EYE＆NAIL THE
TOKYO
https://www.eyeandnailthetokyo.com

P103中　青山ネイル
https://aoyama-nail.com

＜素材画像協力＞

P44　iStock

※上記にないブランドの商品は、著者私物・
　編集部私物です。
※掲載した商品は欠品・販売終了の場合もあ
　ります。あらかじめご了承ください。

著者プロフィール

海保 麻里子
Mariko Kaiho

ビューティーカラーアナリスト ®
株式会社パーソナルビューティーカラー研究所 代表取締役

パーソナルカラー＆骨格診断を軸に、顧客のもつ魅力を最大限に引き出す「外見力アップ」の手法が評判に。24年間で2万人以上の診断実績をもつ。自身が運営する、東京・南青山のイメージコンサルティングサロン「サロン・ド・ルミエール」は、日本全国をはじめ、海外からも多くの女性が訪れる人気サロンとなる。

本シリーズでは、その診断データをもとに、12タイプ別に似合うアイテムのセレクト、およびコーディネートを考案。「服選びに悩む女性のお役に立ちたい」という思いから、日々活動を行う。

また、講師として、カラー＆ファッションセミナーを1万5千回以上実施。企業研修やラグジュアリーブランドにおけるカラー診断イベントも多数手がける。わかりやすく、顧客に寄り添ったきめ細やかなアドバイスが人気を博し、リピート率は実に9割を超える。

2013年には、「ルミエール・アカデミー」を立ち上げ、スクール事業を開始。後進の育成にも力を注ぐ。

その他、商品・コンテンツ監修、TVやラジオ、人気女性誌などのメディア取材多数。芸能人のパーソナルカラー診断や骨格診断も数多く担当するなど、著名人からも信頼を集める。

著書に『今まで着ていた服がなんだか急に似合わなくなってきた』（サンマーク出版）がある。

サロン・ド・ルミエール HP
https://salon-de-lumiere.com/

本を読まない人のための出版社

S **サンクチュアリ出版**
sanctuary books　ONE AND ONLY. BEYOND ALL BORDERS.

サンクチュアリ出版ってどんな出版社？

世の中には、私たちの人生をひっくり返すような、面白いこと、すごい人、ためになる知識が無数に散らばっています。それらを一つひとつ丁寧に集めながら、本を通じて、みなさんと一緒に学び合いたいと思っています。

最新情報

「新刊」「イベント」「キャンペーン」などの最新情報をお届けします。

X
(旧Twitter)

@sanctuarybook

Facebook

facebook.com
/sanctuarybooks

Instagram

@sanctuary_books

メルマガ

ml@sanctuarybooks.jp
に空メール

ほん よま　ほんよま

「新刊の内容」「人気セミナー」「著者の人生」をざっくりまとめた WEB マガジンです。

sanctuarybooks.jp/
webmag/

スナックサンクチュアリ

飲食代無料、超コミュニティ重視のスナックです。

sanctuarybooks.jp/snack/

クラブ S

新刊が 12 冊届く、公式ファンクラブです。

sanctuarybooks.jp/clubs/

サンクチュアリ出版
YouTube
チャンネル

奇抜な人たちに、
文字には残せない本音
を語ってもらっています。

"サンクチュアリ出版
チャンネル" で検索

選書サービス

あなたのお好みに
合いそうな「他社の本」
を無料で紹介しています。

sanctuarybooks.jp
/rbook/

サンクチュアリ出版
公式 note

どんな思いで本を作り、
届けているか、
正直に打ち明けています。

note.com/
sanctuarybooks

人生を変える授業オンライン

各方面の
「今が旬のすごい人」
のセミナーを自宅で
いつでも視聴できます。

sanctuarybooks.jp
/event_doga_shop/

パーソナルカラー秋×骨格診断ナチュラル
似合わせ BOOK

2024年3月6日 初版発行

著　者　　海保麻里子

装丁デザイン／井上新八
本文デザイン／相原真理子
モデル／折目真衣(スペースクラフト・エージェンシー)
撮影(人物)／畠中彩
撮影(物)／畠中彩、小松正樹、髙田みづほ
ヘアメイク／yumi(Three PEACE)
スタイリング(アイテム手配)／森田文菜
スタイリング(アイテム置き画制作)／佐野初美、小沼進太郎
編集協力／三橋温子(株式会社ヂラフ)
制作協力(アシスタント業務)／秋元みづき、Yuuka、NANA(ルミエール・アカデミー)
イラスト／ヤベミユキ
DTP／エヴリ・シンク
撮影協力／KOMA shop

営業／市川聡(サンクチュアリ出版)
広報／岩田梨恵子、南澤香織(サンクチュアリ出版)
制作／成田夕子(サンクチュアリ出版)
撮影補助／木下佐知子(サンクチュアリ出版)
編集補助／鶴田宏樹(サンクチュアリ出版)
編集／吉田麻衣子(サンクチュアリ出版)

発行者　　鶴巻謙介
発行・発売　サンクチュアリ出版
〒113-0023 東京都文京区向丘2-14-9
TEL:03-5834-2507　FAX:03-5834-2508
https://www.sanctuarybooks.jp
info@sanctuarybooks.jp

印刷・製本　　株式会社シナノ パブリッシング プレス

診断用カラーシート

春 Spring | ライトキャメル | 血色がよく健康的 ➡ 似合う
                           萱みが出てぼんやりする ➡ 似合わない

診断用カラーシート

夏 Summer	ライトブルーグレー	透明感が出てシック ➡ 似合う 青白く寂しい ➡ 似合わない

診断用カラーシート

冬 Winter	ブラック	凛として小顔になる ➡ 似合う
		影が目立ち暗い ➡ 似合わない